$A^{t}V$

HERMANN KREUTZER, geboren 1924, wurde von den Nazis wegen »politischer Zersetzung« zu zehn Jahren Festungshaft verurteilt, nach 1945 Mitbegründer der thüringischen SPD, 1949 Verhaftung durch den NKWD, sieben Jahre Haft in Bautzen, 1956 Haftentlassung und Übersiedelung nach Westberlin, langjährige politische Arbeit für die SPD, u. a. als Bevollmächtigter der Bundesregierung für Berlin, Zusammenarbeit mit Fritz Erler und Herbert Wehner, nach 1980 u. a. deutschlandpolitischer Berater von Franz-Josef Strauß.

MANUELA RUNGE, geboren 1959, arbeitet nach jahrelanger Verlagstätigkeit heute als freie Autorin und Lektorin.

MARLENE DIETRICH: Der Mythos dieses Namens ist in erster Linie mit dem Glanz der großen Schauspielerin verbunden, die zu den größten Stars der Filmgeschichte gehörte. Immer wieder wird jedoch auch die Disziplin und das »geistige Preußentum« Marlene Dietrichs zitiert, das nicht zuletzt in ihrem Einsatz für Freiheit und Gerechtigkeit seinen Ausdruck fand. Nachdem sie 1930 Deutschland verlassen hatte, galt Marlenes politisches Engagement ihrer Heimatstadt Berlin und den Menschen, die unter den Repressionen der Nazis litten. Sie engagierte sich in Hilfsfonds für jüdische und politische Flüchtlinge und kämpfte als US-Truppenbetreuerin für das Ende der Hitler-Diktatur. Immer wieder setzte sich Marlene Dietrich auch nach 1945 für die Entwicklung Berlins ein, sie nutzte ihre Beziehungen zu wichtigen Politikern wie Charles de Gaulle und John F. Kennedy, um ihnen die Belange der »Frontstadt« ans Herz zu legen. Erstmals dokumentieren die Autoren hier die Einzelheiten ihres politischen Engagements für Berlin. So setzte sich Marlene Dietrich u. a. für die Finanzierung des Hansaviertels ein. Die Berliner vergalten es dem berühmtesten Kind der Stadt bekanntlich schlecht: Sie empfingen sie bei ihrer ersten Deutschlandtournee 1960 mit Plakaten, auf denen sie die »Verräterin« aufforderten: »Marlene go home!« Erst 1992 konnte sie tatsächlich »heimkehren«, als ihr Sarg auf dem Schöneberger Friedhof beigesetzt wurde.

Hermann Kreutzer
Manuela Runge

Ein Koffer in Berlin

Marlene Dietrich –
Geschichten von Politik und Liebe

Aufbau Taschenbuch Verlag

Dieses Buch entstand auf Anregung meiner Frau Dorothee Kreutzer, die – wie Marlene Dietrich – mit dem Einsatz ihres Lebens für Freiheit und Demokratie gekämpft hat. Aus den Erkenntnissen einer über sieben Jahre andauernden politischen Haft, die wir beide zu durchstehen hatten, hat sie mir als Vermächtnis mitgegeben, alles für das Andenken Marlene Dietrichs zu tun.

Hermann Kreutzer

Mit 20 Abbildungen

ISBN 3-7466-8075-1

1. Auflage 2001
© Aufbau Taschenbuch Verlag GmbH, Berlin 2001
Einbandgestaltung Preuße & Hülpüsch Grafik Design
unter Verwendung eines Fotos aus dem Film
»Shanghai-Express«, Paramount-Film 1932,
Fotoarchiv der Deutschen Kinemathek
Litho NOTICA Christoph Anzeneder
Druck Clausen & Bosse, Leck
Printed in Germany

www.aufbau-taschenbuch.de

Inhalt

Politik aus Liebe

Ein Mädchen, den Arm voll weißer Rosen, steht zögernd vor dem Zaun eines französischen Kriegsgefangenenlagers. Erstaunt starren die Internierten es an. Das Mädchen hat Angst vor ihren schwarzen Bärten und schwarzen Augen. Dann gibt es sich einen Ruck und steckt atemlos, als müßte es etwas Verbotenes schnell hinter sich bringen, Rose für Rose durch den Stacheldraht. Kein Wort wird gesprochen. Das Mädchen heißt Marie Magdalene Dietrich.

Knapp vierzehn Jahre ist Marlene, wie sie sich später nennen wird, an jenem 14. Juli 1915, dem Nationalfeiertag des damaligen »Erzfeindes«, und verliebt in alles Französische. Vielleicht markiert diese kleine Episode den Beginn einer Haltung, die ihr Leben prägen sollte: Politik aus Liebe.

So viel wurde bereits über Marlene gesagt und geschrieben – nahezu hundert Bücher gibt es mittlerweile, die ihr Leben zu fassen versuchen, ihr Wirken und ihre Erfolge beschreiben, Wahres und Unwahres zeigen, Klatsch und Vorurteile interpretieren und bewerten. Doch das Phänomen Marlene als *politisch engagierter* Weltstar, der sich für Freiheit und Demokratie, für Deutschland und Berlin einsetzte, ist bislang zu kurz gekommen.

Nach wie vor hält sich bei vielen Deutschen das Bild der glamourösen Diva, die ihre Heimatstadt zu einem Zeitpunkt verlassen und »verraten« hat, als es politisch brisant wurde; die an der Seite der Feinde gegen Deutschland kämpfte und erst viele Jahre später zurückkam, um hier wie überall auf der Welt das große Geld zu machen. Zu Unrecht. Marlene hatte zeit ihres Lebens Sehnsucht nach Berlin – und doch kehrte sie erst im Sarg zurück. »Ein wahrer Patriot ist jemand, der sichtbar an seinem Vaterland leidet«, meint der Publizist Klaus-Jürgen Sembach. »Damit ist im Kern der Fall Marlene Dietrich geklärt.«

Freiheit im politischen wie ganz privaten Sinne war für Marlene eine Art Lebenselixier, ein Leitbild, entstanden aus einem »geistigen Preußentum«, das sie ihrer Erziehung, ihrer frühen Lektüre der Werke von Kant, Goethe und Rilke, insbesondere aber dem Berlin der zwanziger Jahre und seinen Künstlern verdankte. Marlene blieb diesem Preußentum treu. Sie empfand sich als Botschafterin Berlins und engagierte sich, wo sie konnte, für die Belange der Stadt. Während ihres langen und bewegten Lebens nutzte Marlene ihre Kunst, ihre Freundschaften und ihre vielen persönlichen Kontakte zu Politikern, um Berlin und die Berliner zu unterstützen. Immer hat sie geholfen, »wie es sich für eine waschechte Berlinerin gehört«, auch aus der Ferne nahm sie teil am Schicksal der kriegsgebeutelten und später isolierten Stadt an der Spree und setzte sich dafür ein, daß diese international wieder »salonfähig« wurde, indem sie bei ihren weltweiten Auftritten mit Berliner Liedern ein Stück Lebensgefühl der einstigen großen Metropole vermittelte oder dafür sorgte, daß die finanzielle Unterstützung der Amerikaner bis Ende der fünfziger Jahre nicht abriß.

Gedankt wurde Marlene ihr Engagement so gut wie nie. Ihr war das gleichgültig. Die preußische Soldatentochter handelte aus Liebe, aus Anstand und nicht um ihrer Publicity willen. Also hängte sie ihre Taten nicht an die große Glocke.

Bekannt werden sollte diese andere Seite der *Femme fatale*, die bisher nur bruchstückhaft in der Dietrich-Literatur zutage tritt, dennoch. Zahlreiche Episoden, von Zeitzeugen in über zweihundert Gesprächen überliefert, verdienen es, bewahrt zu werden. »Ein Koffer in Berlin« erzählt erstmals die Geschichte, die Geschichten der »politischen« Marlene – »deren Name«, so Jean Cocteau, »wie eine Zärtlichkeit beginnt und wie ein Peitschenschlag aufhört».

TEIL 1

Die Berlinerin

»Tu was!«

Das preußische Kind

Und durch das alles gehen im kleinen Kleid,
ganz anders, als die anderen gehen und gingen –:
O wunderliche Zeit, o Zeitverbringen,
o Einsamkeit.

Rainer Maria Rilke

»Ich bin, Gott sei Dank, Berlinerin.« Diese Worte stellt Marlene Dietrich als Zweiundachtzigjährige ihren Memoiren voran – und lebte damals bereits seit vielen Jahrzehnten im Ausland. Nur knapp dreißig Jahre ihres langen Lebens hat sie tatsächlich in Berlin verbracht, mehr als sechzig jedoch in den USA, England und in Frankreich. Noch im hohen Alter betont sie: »Im Grunde meines Herzens bin ich Deutsche. Deutsche durch meine Erziehung.« Woher kommt diese Liebe zu einer Stadt, die sie – nach dem Krieg – jahrelang nicht willkommen heißen wollte, zu einem Volk, das in ihr eine Verräterin sah? Ist es die wehmütige Nostalgie der alternden Emigrantin – oder ist es die Erinnerung an ein elementares Lebensgefühl, die tiefe Verwurzelung in einer Gesellschaft, die Marlene über all die Jahre im Ausland den Halt gibt, den sie in ihren vielen Beziehungen nicht findet?

Der Mythos Marlene beginnt in Berlin – 1930, just zu dem Zeitpunkt, als sie Deutschland verläßt, mit neunundzwanzig Jahren, geprägt von einer Stadt, die sich seit der Jahrhundertwende so sehr verändert hat wie kaum eine andere in Europa; in der die ständische Welt aus den Fugen geraten ist, kaisertreue Preußen sich in preußische Großstädter verwandeln, in einer Republik, an die keiner so recht glauben will. Im Preußischen liegen ihre Wurzeln, und sie verleugnet sie ihr Leben lang nie – auch nicht zu Zeiten, als Deutschland weltweit um sein Ansehen kämpfen muß. Wer den Mythos Marlene, die Frau und Liebende oder die politisch Engagierte wirklich verstehen möchte, muß deshalb mit der Spurensuche im Berlin der Jahrhundertwende beginnen, damals, als sie als Marie Magdalene Dietrich das Licht der Welt erblickte.

Die Hauptstadt um 1900 war eine noch junge Metropole. Denn erst seit kurzem hatte Weltstadtatmosphäre zwischen den Villenfluchten, Bürgerhäusern und Arbeitervierteln inmitten der märkischen Sand- und Seenlandschaft Einzug gehalten. Die Stadt wuchs, zog große Persönlichkeiten und Blender gleichermaßen an, bot Raum und Bühne für alle. Berlin war das Herz Preußens; eine Stadt mit großen Alleen, ausgedehnten Parkanlagen, adretten Vorgärten, sauberen Gehwegen, preußischem Ehrenkodex; eine Gesellschaft, die geprägt war vom Militär, insbesondere vom Adel. Seit fast zwei Jahrhunderten bestimmten preußische Ideale die Gesellschaft: Pflichtbewußtsein, Pünktlichkeit und Loyalität gegenüber dem Vaterland und ein gewisses Maß an Toleranz, daß »jeder nach seiner Façon selig werden« sollte, wie es Friedrich der Große formulierte – auf diesen Grundsatz stützte sich später die Liberalität der zwanziger Jahre: »Preußentum«, so der Geschichtsphilosoph Oswald Spengler, »ist ein Lebensgefühl, ein Instinkt, ein Nichtanderskönnen … Es ist etwas unendlich Starkes, Freies darin …«

Je prächtiger die Uniform, je mehr Orden, Epauletten, Tressen und Litzen, desto höher der gesellschaftliche Stand. Wer etwas auf sich hielt, schickte seine Söhne zum Militär. Denn der zackige Umgangston der Offiziere und Soldaten war salonfähig im Berlin der Jahrhundertwende. Gehorsam, strebsam und ehrgeizig waren sie, die Väter, Söhne und Ehemänner der Töchter aus besserem Hause. Der Kaiser war noch eine Institution. Wen wunderte es da, daß ein Scharlatan wie der legendäre Hauptmann von Köpenick ganz Berlin zum Narren halten konnte?

Zu diesem strengen Preußentum, dem bewußten Hochhalten konservativer Werte, gehörte ein streng patriarchalisches Erziehungssystem, das auch das Leben Marlene Dietrichs zunächst entscheidend prägen sollte. Männer dominierten die Gesellschaft; während das Familienoberhaupt repräsentierte,

Die Sedanstraße, im Haus Nr. 53 wurde Marlene Dietrich geboren

hatte die Frauen dahinter zu funktionieren und ihre häuslichen Pflichten zu erfüllen. Auch bei Familie Dietrich war es der Vater, der die preußische Lebensart buchstäblich vorexerzierte, während die Mutter vorerst als Autorität im stillen wirkte.

Als Marie Magdalene Dietrich am 27. Dezember 1901 in der Schöneberger Sedanstraße 53 zur Welt kam, war ihr Vater Louis Erich Otto Dietrich bereits dreißig Jahre alt und Polizeileutnant mit dem typischen Kaiser-Wilhelm-Schnurrbart. Der leicht untersetzte, aber stattliche Mann mit der aufrechten militärischen Haltung sah zweifelsohne attraktiv aus in seiner makellosen Uniform mit der Pickelhaube. Dabei war seine Karriere insgesamt alles andere als glänzend verlaufen: Als Kavallerist des Ulanenregiments hatte er sich nicht sonderlich hervorgetan, und nach einer Revierprüfung in Marlenes Geburtsjahr ging es stetig bergab mit Leutnant Dietrich und seinen militärischen Ambitionen. So rutschte er in der Beurteilung durch seine Vorgesetzten in nur zwei Jahren von »recht gut« auf die schlechteste Einstufung »ausreichend« ab. Dennoch schmückten zahlreiche Orden und Auszeichnungen die Uniform – als Beweise seiner Disziplin, seiner Pflichterfüllung und seiner Ehre als preußischer Militär.

Von der Karriere ihres Vaters wird Marlene nicht viel mitbekommen haben – er starb, als sie sechs Jahre alt war.

Wieviel später ihre Mutter über den recht erfolglosen Vater erzählt hat, ist heute Spekulation. Daß Großmutter Felsing ihren Schwiegersohn nicht gerade schätzte – sie empfand den Emporkömmling als »unter Stand« für ihre Tochter –, dürfte Marlene hingegen später kaum entgangen sein. Vielleicht ist ihr idealisiertes Bild vom weitgehend unbekannten Vater ein Indiz dafür, daß er tatsächlich nicht ganz so gut wegkam in den Erzählungen von Mutter und Großmutter – Marlene wird über den preußischen Anstand des Vaters ihr Leben lang sprechen und diese Tugend wie einen Schild vor sich hertragen. Die pflaumenblaue Uniform und die vielen bunten Orden und Ehrenmedaillen faszinierten das Mädchen Marlene: »Mein Vater: hohe, imposante Statur, Ledergeruch, glänzende Stiefel, eine Reitpeitsche, Pferde.« Mit Leib und Seele war sie eine Offizierstochter, identifizierte sich voll und ganz mit den durch den Vater verkörperten preußischen Idealen. »Kinder, die ihrem Vater gleichen, sind Glückskinder«, brachte die Mutter Marlene bei. »Ohne den geringsten Widerstand akzeptierte ich diese verschwommene Gestalt meines Vaters, wann immer ich an ihn erinnert wurde.« Selbst äußerlich waren sie einander ähnlich. Marlene, die ihre Wurzeln in jungen Jahren gern in der Familie ihres Vaters suchte, ließ sich von ihrer Mutter manchmal sogar »Paul« nennen – geduldig machte diese das Spiel mit. Vielleicht spürte sie, daß ihrer Tochter der Vater fehlte. Denn Marlene wuchs nach dessen frühem Tod weitgehend in einem Frauenhaushalt auf – autoritär erzogen von Mutter, Großmutter und den vielen weiblichen Verwandten. So wandelte sich ganz nebenbei das bislang gepflegte preußisch patriarchalische in ein matriarchalisches System. »Das Leben war gut – dank meiner Mutter.« Immer wieder sollte Marlene später ihr geliebtes Elternhaus und den Einfluß ihrer Mutter betonen. »Ich hatte einen tiefen Respekt vor meiner Mutter. Wie leicht war es, sie zu lieben … Jeden Tag mußte ich ein Dutzendmal wiederholen: Wenn ich mit meiner Mutter bin, dann kann mir nichts passieren. Sie

Marlene (rechts) mit ihren Eltern, 1906

war eine hundertprozentig zuverlässige Einheit. Sie schwankte nicht zwischen Stärke und Schwäche.«

Marlenes Idealbild vom stattlichen Mann entwickelte sich in diesem Vakuum prächtig, das Bild des Vaters, ihres großen Vorbilds, wurde neben der starken Mutter noch herrschaftlicher und schöner. Und nicht zuletzt die bürgerlich-behütete Idylle ihrer Schöneberger und später auch Charlottenburger Umgebung bot für diese Vorstellungen von gesellschaftlichen Rollen und Pflichten, von Ansehen, Ruhm und äußerer Erscheinung den idealen Nährboden.

Die ersten Jahre ihrer Kindheit verbrachte Marlene inmitten von Baustellen. Zum Zeitpunkt ihrer Geburt war Schöneberg ein ländlich geprägter Vorort und gehörte noch gar nicht zu Berlin. Erst 1920 wurde der Ort zu dem weltbekannten Bezirk der Hauptstadt, der viele Jahre später durch sein Rathaus in die Geschichte eingehen sollte. Nach dem Ende des Zweiten Weltkriegs wurde auch die nach der berühmten Schlacht des Deutsch-Französischen Krieges von 1870/71 benannte Sedanstraße in Leberstraße umgetauft – den Widerstandskämpfer Julius Leber empfand man nun als passenderen Namenspatron.

Kurz nach der Jahrhundertwende wurde in Schöneberg nach wie vor gebaut: Stück für Stück wurde eingeebnet, um Grundstücke für das expandierende Berlin zu gewinnen. Übrigens galt in jenen Tagen ausgerechnet Schöneberg, besonders die Straßenzüge rund um Marlenes Geburtshaus, als »Rote Insel« – und mit den typischen Mietskasernen und Hinterhöfen als »Brutstätte einer renitenten Arbeiterschaft«. Marlene wird davon wohl wenig mitbekommen haben, auf diesem Ohr war ihre Familie eher taub. Ihre Welt war sicherlich die Gegend rund um die Schöneberger Dorfkirche. Vielleicht wird sie von der Geschichte dieses kleinen Gotteshauses gehört haben: Im Siebenjährigen Krieg wurde die Kirche von den Sachsen zerstört. Friedrich der Große hielt es daraufhin für seine Pflicht, den Schönebergern Geld für den Wiederaufbau zur Verfügung zu stellen. Doch der beauftragte Baumeister verschwand mit der gesamten Summe. Als echter Preuße mit Anstand und Prinzipien stiftete Friedrich das Baugeld ein zweites Mal – man steht schließlich zu dem, was man versprochen hat!

Die alte Dorfaue Schöneberg erkennt man übrigens noch heute im Stadtbild – und zwar »oben« an der Hauptstraße, wo links und rechts gutbürgerliche Villen von den gewinnträchtigen Geschäften zeugen, die die Schönefelder »Millionenbauern« in der Gründerzeit mit ihren Äckern für Berliner Wohn- und Geschäftsbauten abschließen konnten.

Marlenes Mutter stammte aus der wohlhabenden Berliner Uhrmacherfamilie Felsing. Sie hielt die Familie nach dem frühen Tod des Vaters zusammen. Und das war gar nicht so einfach – brachte doch zunächst der ausbleibende berufliche Erfolg des Vaters und dann die frühe Witwenschaft mehrere Umzüge und sozialen Abstieg mit sich. Doch die preußische Lebensart war der feste Anker für die Familie: Auch ohne den Leutnant im Haus blieben dann in der kleineren Wohnung in der Akazienallee 48 Werte wie Disziplin, Pünktlichkeit und Gemeinsinn die obersten Gebote bei den Dietrichs. »Diese Regeln waren so unanfechtbar, daß sie vertraut und freundlich schienen. Dauerhaft, unwandelbar, unwiderlegbar, eher schützend als bedrohlich, unterlagen sie keiner Stimmung, keiner Laune.« Marlene erinnerte sich noch im hohen Alter gerne und mit Bewunderung an den »guten General«, wie sie ihre Mutter immer wieder nannte. »Halte dich gerade!« – »Eine preußische Offizierstochter weint und klagt nicht!« – »Übe Disziplin!« oder »Tu was!« – das waren die Maximen, die Marlene und ihre zwei Jahre ältere Schwester Elisabeth schon früh von der Mutter zu hören bekamen. Denn Josephine Dietrich »war nicht freundlich, nicht mitfühlend, sondern nachtragend und unerbittlich«. Für die jungen Mädchen bedeutete diese Art der Erziehung allerdings weitaus mehr Sicherheit und Vertrautheit, als man sich das heute, im Zeitalter von Selbstbestimmung und Emanzipation, vorstellen kann.

Aber es gab auch andere Facetten der mütterlichen Erziehung: Trauer und eine Art Weltschmerz der jungen, alleinerziehenden Witwe. Ein Gedicht hinter einem Glasrahmen im elterlichen Wohnzimmer, an das sich Marlene in ihren Memoiren erinnert, bringt diesen Wesenszug der Mutter auf den Punkt:

> O lieb, solang du lieben kannst!
> O lieb, solang du lieben magst!
> Die Stunde kommt, die Stunde kommt,
> Wo du an Gräbern stehst und klagst!

Zum Schulbeginn hatten beide Töchter das Gedicht auswendig gelernt – und zumindest Marlene vergaß es nie. Wie mag sich die Sechsjährige damals gefühlt haben – hatte sie doch gerade erst ihren Vater verloren? Rührt aus dieser Zeit ihr ständiges Bedürfnis, alles mitzunehmen, alles mitzumachen, was irgend möglich ist? Jeden Mann zu erobern, jede Schlacht zu gewinnen? Ist das die berühmt-berüchtigte Kombination aus preußischer Disziplin und dem fast schon maßlosen Verlangen, das Leben auszukosten, ehe es zu spät ist? Die Schulzeit hat diesen Drang bei Marlene im Laufe der Jahre noch verstärkt.

17

Mittlerweile wohnten die Dietrichs nach mehrfachen Umzügen in der Tauentzienstraße ganz in der Nähe des Kurfürstendamms. Marlene hatte es nicht weit zur Auguste-Viktoria-Schule, einer umgebauten Villa in der Nürnberger Straße, direkt an der Grenze zwischen Schöneberg und Charlottenburg. Das Gebäude steht heute noch und beherbergt das Volkshochschulkolleg Schöneberg. Charlottenburg reichte Anfang des Jahrhunderts vom Nollendorfplatz bis zur heutigen Otto-Suhr-Allee und hatte mehr als 320 000 Einwohner. Erst 1920 wurde der Stadtteil als 7. Stadtbezirk von Groß-Berlin eingemeindet. Charlottenburg galt schon damals als eines der kulturellen Zentren an der Spree – gehörten doch der Ku' damm sowie die Tauentzien-, Hardenberg-, Kleist-, Kant- und Rankestraße zu diesem Bezirk. Zur Grundschulzeit Marlenes machten hier übrigens nicht nur die Neubauten des Charlottenburger Tores und der Charlottenburger Brücke als Aushängeschilder von sich reden, sondern auch die vielen Theater und das eigene Charlottenburger Opernhaus.

»Alle sagten, ich sei noch zu jung, um zur Schule zu gehen. Ich wurde ein Jahr zu früh eingeschult, und da ich bereits lesen, schreiben und rechnen konnte, kam ich direkt ins zweite Schuljahr«, erinnerte sich Marlene später und beschrieb die Gewißheit des kleinen Mädchens, die »kostbare Freiheit verloren zu haben«. Dennoch erfüllte sie die hohen Anforderungen und mußte nie ein Schuljahr wiederholen. Die Erziehung der Mutter trug Früchte. Ihr ganzes Leben lang kämpfte Marlene verbissen um alles, was ihr wichtig erschien. Hielt sich gerade. Tat das, was von ihr erwartet wurde. War von fast schon sprichwörtlicher Disziplin. Klagte selten und arbeitete bis zum Umfallen. »Geistiges Preußentum« wird dieser Zug Marlenes heute genannt – und mit Stolz nahm sie dies noch als alte Dame zu Kenntnis.

Wird sie da an ihre Großmutter mütterlicherseits, Elisabeth Felsing, gedacht haben? Denn auch diese war Preußin mit Leib und Seele – wenngleich mit etwas anderem Einschlag. In erster Linie fühlte sie sich als Berlinerin. Anders als ihre Tochter, die mit ihren Kindern noch in der Schöneberger »Pro-

Unter den Linden 20 befand sich das Juweliergeschäft der Familie Felsing

vinz« lebte, besaß sie Berliner Mutterwitz, jene schnelle spitze Zunge, die weh tun kann, wenn man nicht weiß, daß sie im Grunde gut gemeint ist. »Es ist ein leichter Humor«, sagte Marlene selbst, »– kein schwerer oder passionierter Humor. Das haben wir Berliner nicht nötig.« Vielleicht war sie es auch, die den unverkennbaren Berliner Dialekt in Marlenes Sprache frühzeitig prägte, denn im Haushalt der Mutter war dies verpönt, wie Marlene sich erinnerte: »Gouvernanten und Privatlehrer lehrten mich, ›Hochdeutsch‹ zu sprechen, die Sprache in ihrer reinsten, edelsten Form, nicht vom Dialekt geprägt.«

Von der Tauentzienstraße zur Straße Unter den Linden 20, wo Großmutter Felsing mit ihrem Bruder Willi das Juweliergeschäft ihres verstorbenen Mannes Conrad weiterführte, war es für Marlene nicht weit. Die Straßenbahn brachte das junge Mädchen in kurzer Zeit zur Großmutter in den Laden oder zur hochherrschaftlichen Wohnung der Felsings in der

Bellevuestraße am Tiergarten. Die Großmutter – eine geschäftstüchtige Unternehmerin und liebenswürdige Frau – weckte den Sinn ihrer Enkelin für die Schönheiten der preußischen Metropole, spazierte mit ihr durch die wunderbaren Parkanlagen, zeigte ihr die alten ehrwürdigen Schinkelbauten wie die modernen Jugendstilfassaden der neuen Straßenzüge. Und glaubt man den eigenen Worten Marlenes, so war die Großmutter es auch, die ihr die Freude an den schönen Dingen des Lebens vermittelte: »Sie war nicht nur die schönste aller Frauen, sondern auch die eleganteste, charmanteste und vollkommenste Person, die es gab ... Sie war auf natürliche Weise elegant und kümmerte sich nicht um die Mode. Sie weckte in mir das Verlangen nach schönen Dingen, nach Gemälden, nach Dosen von Fabergé, Pferden, Wagen, nach den warmen altrosa Perlen, die sich von der weißen Haut ihres Halses abhoben, und den Rubinen, die an ihren Händen funkelten ... Sie trug kostbare Kleider, selbst ihre Handschuhe waren maßgefertigt.« Eine Marotte, die übrigens auch Marlene ein Leben lang beibehalten sollte – ohne ihre maßgefertigten Handschuhe ging sie praktisch nie vor die Tür.

Es waren fast ausschließlich Frauen, die das heranwachsende Mädchen Marlene prägten: ihre Schwester, die der Jüngeren schon frühzeitig widerstandslos den Vortritt ließ und Marlene schon bald an eine exponierte Stellung gewöhnte; ihre Mutter, die das Idealbild der schönen Frau mit Werten wie Disziplin, Anstand und Geradlinigkeit zusammenführte – und damit zweifelsohne einen Grundstein für den Mythos Marlene gelegt hat, und ihre geliebte Großmutter, die eine starke Weiblichkeit ins Spiel brachte und dem dankbaren Kind beibrachte, daß Schönheit und Eleganz mit guter Haltung noch besser zur Geltung kommen.

Marlene fiel bereits früh durch enormes Selbstbewußtsein auf. Ein zartes und sanftes Geschöpf, schüchtern und brav – die klassische Mädchenrolle ihrer Zeit –, war sie nicht. Das machte sie einsam.

Da rinnt der Schule lange Angst und Zeit
Mit Warten hin, mit lauter dumpfen Dingen.
O Einsamkeit, o schweres Zeitverbringen ...

Rainer Maria Rilke

In der Schule dürfte Marlene zum ersten Mal bewußt geworden sein, daß sie anders war als Gleichaltrige. In der Auguste-Viktoria-Schule für Mädchen mied sie im Gegensatz zu ihren Mitschülerinnen allzu enge Kontakte. Sie grenzte sich ab, hatte kaum Freundinnen. Sie gehörte zu den Jüngsten in ihrer Klasse und »war ... ausgeschlossen von ihren getuschelten Geheimnissen, ihren Vertraulichkeiten und ihren Lachanfällen«. Fast schon trotzig klingt es in ihren Memoiren, wenn sie hinzufügt: »Doch ich wollte auch gar nicht wissen, was die anderen vor mir verheimlichten.«

Ihre Einsamkeit kompensierte Marlene mit Schwärmereien. Waren es zuerst die preußischen Tugenden ihrer Mutter und dann die Schönheit ihrer Großmutter, so ist es nun die Nähe zu Mademoiselle Breguand, ihrer Französischlehrerin, die Marlene nie vergessen wird. »Sie vertrieb meine Einsamkeit, meine kindlichen Sorgen, meine Traurigkeit. Sie verkörperte meine Wünsche und gleichzeitig deren Erfüllung«, beschrieb Marlene Dietrich noch siebzig Jahre später ihre Zuneigung für Mademoiselle Breguand.

Wieder war es eine Frau, die in ihrem Leben eine wichtige Rolle spielte – und wieder sollte dies Folgen für den Rest ihres Lebens haben. Denn Marlene lernte nun hingebungsvoll Französisch, und auch Mademoiselle Breguand hatte Freude daran, der kleinen Berlinerin die Schönheit der französischen Sprache zu vermitteln. Sicher erzählte und schwärmte sie von Paris, von Sacré-Cœur, dem Bois de Boulogne und all den anderen berühmten Stätten ihrer Heimat. Und sie zeigte ihrer jungen Schulerin dabei auch, daß es eine andere Welt neben dem preußisch geregelten Leben ihrer dominanten Mutter gab.

Die Französischlehrerin mit ihrer Wärme und ihrem Einfühlungsvermögen trug erheblich dazu bei, in Marlene eine lebenslange Liebe zu Paris und der französischen Sprache zu wecken. Im Gegensatz zu Marlenes Mutter ging die Französin auf die kleinen Sorgen und Nöte ihrer Schülerin ein – und »sie war so glücklich, sich auf Französisch unterhalten zu können«. Marlene suchte ständig ihre Nähe, beschenkte sie und schrieb ihr in den Ferien Briefe. »Ich liebte Marguerite Breguand, und ich liebte Frankreich; ich liebte die sanfte und vertraute französische Sprache.« Auch später zog es Marlene immer wieder nach Frankreich und in die Metropole an der Seine, bis sie sich schließlich sogar dazu entschloß, ihren Lebensabend dort zu verbringen.

Als 1914 der Erste Weltkrieg begann, brach für Marlene eine Welt zusammen: Mademoiselle Breguand verschwand aus der Schule. Dem Kind fiel die Trennung schwer – zumal plötzlich auch die Propaganda gegen den »Erzfeind« Frankreich im Schulalltag Einzug hielt. Wie sollte sie sich in dieser nationalistisch aufgeladenen Atmosphäre ausgerechnet zu einer Französin bekennen? Glaubt man Marlenes eigenen Aufzeichnungen, hatte sich in dieser Zeit ihr Hang zum Widerstand gegen ihr widerstrebende politische Verhältnisse erstmals ausgebildet. Gern erzählte sie jedenfalls immer wieder die eingangs erwähnte Anekdote, wie sie am 14. Juli 1915 während eines Sommerkurses mit weißen Rosen zu einem benachbarten französischen Kriegsgefangenenlager geschlichen war. Eine rührende Geste und mutig obendrein, denn ihre »Rosen-Demonstration« blieb nicht ohne Folgen. Hatte sie selbst über ihre »Heldentat« gesprochen? Einige Eltern beschwerten sich jedenfalls bei der Schulleitung und forderten den Schulverweis für das aufsässige Mädchen. Die ganze Angelegenheit verlief dann jedoch im Sande – offensichtlich wollte die Schule einen Skandal vermeiden.

Marlene selbst beschreibt sich in der Situation als Heldin: »Die Dornen stachen durch mein Sommerkleid, ich weinte vor Schmerz und Angst, aber ich war fest entschlossen, mein Abenteuer zu bestehen, komme was da wolle.« Hinter dieser Aktion des jungen Mädchens steckten sicher keine pointiert politischen Motive. Es ging ihr im weitesten Sinne um Liebe – und daraus ergab sich das politische Moment. Auch war sie mit vierzehn Jahren in einem Alter, in dem Heranwachsende sich ausprobieren, ihre erwachende Erotik testen möchten. Wahrscheinlich nutzte sie den französischen Nationalfeiertag vor allem, um ihre tiefe Verbundenheit zu der geliebten Französischlehrerin zu demonstrieren, den Verlust zu rächen – wenngleich auch ohne deutsches Publikum, sozusagen als geheimen Widerstand.

Interessant an dieser Anekdote ist jedoch das »Aufsässige«, ein Charakterzug, der so typisch für Marlene werden sollte. Denn während ihre Klassenkameradinnen deutsche Patriotenlieder gegen den Erzfeind schmetterten, ging sie auf ihre Art in die Opposition. Im kleinen, zugegeben, aber ein Anfang war gemacht. Später wird sie konsequenter opponieren – gegen die Nazis, gegen Südafrika und seine Rassenpolitik oder gegen die Sowjetunion, um sich für den vom Regime bedrängten Dichter Paustowski einzusetzen. Denn für Marlene war »die Erfüllung selbstauferlegter Pflichten immer ein Zeichen unserer Freiheit!« – und Widerstand gegen totalitäre Regimes schon »aus Anstand« geboten.

»Ich übte unermüdlich Geige«

Die musische Jugend

Was heute nicht geschieht, ist morgen nicht getan,
Und keinen Tag soll man verpassen;
Das Mögliche soll der Entschluß
Beherzt sogleich beim Schopfe fassen:
Er will es dann nicht fahren lassen
Und wirket weiter, weil er muß.

Johann Wolfgang Goethe

»Zu jener Zeit war niemand von uns darauf gefaßt, daß Marlene Dietrich auf den Schwingen eines märchenhaften Schicksals aufsteigen würde in den Himmel aller Großen, den Ruhm der Welt.« Als Fred Hildenbrandt, in den zwanziger Jahren Feuilletonchef beim Berliner Tageblatt, sich in seinen Aufzeichnungen an Marlene erinnerte, war sie schon lange in Hollywood. Aber er gehörte zu jenen Berlinern, die auch die andere, die unscheinbare und zunächst erfolglose Marlene – zumindest flüchtig – kannten.

Wenn aus einem typisch preußischen Mädchen innerhalb nur weniger Jahre eine weltberühmte Schauspielerin, ein Mythos und der Inbegriff des geheimnisvollen Vamps wird, stellt sich die Frage, wann und wo die ersten Anzeichen für diesen Weg zu finden sind.

Marlenes Jugend verlief auf den ersten Blick nicht besonders spektakulär: Nach der Kindheit in Berlin zog sie mit Mutter und Schwester für zwei Jahre nach Dessau, wohnte bis zu ihrem achtzehnten Lebensjahr wieder in Berlin, um dann zwei weitere Jahre in Weimar Musik zu studieren. Das alles spielte sich vor dem trostlosen Hintergrund des Ersten Weltkrieges und der Nachkriegszeit ab – gefolgt von einer neuen Ära, in der eine junge, sich revolutionär gebärdende Generation alte Werte verwarf und mit neuen Vorstellungen von der Gesellschaft, von Kunst, Literatur und Architektur das Land, vor allem aber dessen Hauptstadt Berlin eroberte.

»Der Zusammenbruch des kämpfenden Deutschlands, der Sturz der Monarchie, die Novemberrevolution und die Ausrufung der Republik, Ereignisse, die wie ein wirrer, jagender Fiebertraum an vielen Deutschen vorüberzogen, waren auch für die Berliner zunächst kaum als Wirklichkeiten faßbar. Die Straßenkämpfe und politischen Morde, das Hämmern der Maschinengewehre bei Tag und bei Nacht, ›Straße frei, Fenster zu, runter vom Balkon!‹, ließen sich in dem nüchternen, immer sachlichen Berlin kaum als Wirklichkeit empfinden. Viele Menschen lebten wie Schlafwandler. Daß es eine neue Wirklichkeit gab, in der die alte Gesellschaft ausgespielt hatte und künftig nur noch als Reaktion und provinzielle Fronde auftreten würde, begannen viele Berliner erst im Angesicht des verwandelten Theaters zu glauben«, schreibt Walter Kiaulehn in seinem Buch »Berlin, Schicksal einer Weltstadt«.

»Ich schaffte es, mich meiner Jugendzeit zu erfreuen«, erzählte Marlene noch als Achtzigjährige. Dabei waren es nicht gerade üppige Jahre für die Dietrichs, auch wenn Marlene immer wieder beteuerte, daß ihre Familie reich war und aus Adelskreisen stammte. Zwar hatte die Mutter noch während des Krieges Leutnant Eduard von Losch, einen engen Freund ihres verstorbenen Mannes, geheiratet und war damit noch dank Adelsprädikat gesellschaftlich aufgestiegen – mit Reichtum und einer entsprechenden Herkunft Marlenes hatte das jedoch nichts zu tun. Zumal Marlene sich mit der Familie von Losch nie identifizierte: Weder übernahm die Fünfzehnjährige bei der erneuten Heirat ihrer Mutter den Namen ihres Stiefvaters, noch fühlte sie sich in der deutsch-konservativen, nationalistisch gesinnten Welt der von Loschs wohl. Der gesellschaftliche Aufstieg durch die mütterliche Heirat machte sich zudem während des Krieges kaum bemerkbar. Im Gegenteil: »Morgens, mittags und abends aßen wir Rüben … Rübenmarmelade, Rübenkuchen, Rübensuppe, Wurzeln und Kraut der Rüben wurden auf tausenderlei Art und Weise zubereitet …«, erinnerte sich Marlene – und damit ging es ihr genauso wie all den anderen deutschen Kindern und Müttern an der Heimatfront. Immerhin: »Das Gute an dieser Zeit war, daß wir alle gute Zähne hatten, es gab keinen Zucker.« Marlene, ein ganz normales Mädchen? Wohl kaum. Denn irgendwo in diesen Jahren muß der Schlüssel für ihre spätere musische Vielfalt zu finden sein.

Den ersten Kontakt zur großen weiten Welt bekam die kleine Dietrich-Tochter im eigenen Haus. Willibald Felsing, genannt Onkel Willi, Josephine Dietrichs zwei Jahre jüngerer Bruder, hatte nämlich das der Felsingschen Firma gehörende Dachgeschoß über dem Geschäft Unter den Linden an den ehemaligen Optiker Oskar Meßter vermietet, der in einer benachbarten Passage bereits 1896 das erste selbständige Filmtheater Berlins, »Meßters Biophon«, eröffnet hatte. Ab 1903 stellte er in einem Hinterzimmer der Felsingschen Mietwohnung kleine Tonfilme her – später die ersten Wochenschauen, die im »Wintergarten« gezeigt wurden und die Berliner zu der Annahme verführten, diese Art der Stadtreportagen würden die Zukunft des Films sein. Dank der exponierten Lage des Dachgeschosses mit Blick auf das Geschehen vom Brandenburger Tor bis zum Schloß bewegte er sich mit seiner Kamera stets am Puls der Zeit. Allein im Hotel Adlon am Pariser Platz gab sich die Crème de la crème ein Stelldichein: Ob Kaiser oder Maharadscha, Geheimpolizist, Anarchist, Tänzerin oder Hochstapler – Meßter war im Bilde. Das Hotel Adlon war seit 1907 die erste Adresse unter den Berliner Hotels, und Meßter verfolgte das Kommen und Gehen in dem exklusiven Domizil mit höchstem Interesse. Dabei ging es längst nicht immer um Politik – im Gegenteil: Das Adlon hatte manch spannende Gesellschaftsposse und durchaus auch den einen oder anderen Skandal zu bieten.
Onkel Willi, der das Geschäft seiner Eltern mit Erfolg weiterführte, war begeistert von »Meßters Wochenschauen«, und so nahm er auch nur eine sehr bescheidene Miete von Berlins erstem Filmstudioinhaber. Er liebte die Künstler und veröffentlichte seine Anzeigen am liebsten in Theaterprogrammen. Marlene wird diese Begeisterung mitbekommen haben, im Felsingschen Hause zum ersten Mal etwas vom Film gehört

und gesehen, die großen Kameras und Vorführgeräte bei Meßter bewundert haben. Ihre Mutter – so kann man annehmen – war eher irritiert darüber, widersprach diese neue Welt doch so ganz und gar den Idealen ihrer preußischen Erziehungsgrundsätze! Aber Onkel Willis Enthusiasmus wirkte ansteckend für ein kleines unerfahrenes Mädchen aus einem Berliner Vorort. Es wird also vielleicht auch der Onkel gewesen sein, der ihr zu ihrem ersten Kino-Besuch verholfen hat – und damit zur Entdeckung von Henny Porten.

Henny Porten war Deutschlands erster Filmstar und nach der Dänin Asta Nielsen als echtes Berliner Mädel über Nacht zum Traum aller Mädchen – und wohl nicht nur der Mädchen – geworden. Mittlerweile hatte der Film Hochkonjunktur. Nach Berlins erstem festem Kino, »Pritzkes Theater lebender Photographie« in der Münzstraße, entstanden nun an jeder Ecke elegante Filmtheater mit Logen und versenkbaren Orchestern, die Stummfilme zwischen Hollywood und deutscher Sommerfrische zeigten – wie die Kammerspiele am Potsdamer Platz, das Theater im Admiralspalast oder die Kammerspiele am Nollendorfplatz. Schnell witterten die Betreiber das große Geschäft und schlossen sich zu einer »Union-Theater-Gesellschaft« zusammen, der bald neun große Kinos gehörten und die die Crème der Gesellschaft in ihre Vorführräume lockten. Mit aller Macht hatte die neue Technik das Varieté verdrängt. Der Erfolg war so groß, daß Filmstars innerhalb kürzester Zeit populärer als der Kaiser wurden!

Henny Porten jedenfalls schwamm in Berlin ganz oben auf der Erfolgswelle der bewegten Bilder. Mit ihren flachsblonden Haaren spielte sie zahlreiche Hauptrollen in typisch deutschen Schmachtfetzen wie »Mutter und Kind« oder »Gefangene Seelen« und war für Marlene Dietrich und viele andere Schulmädchen zwischen 1910 und 1918 der Inbegriff von Romantik und Herzenswärme. Ausnahmsweise unterschied sich Marlene hier einmal nicht vor ihren Klassenkameradinnen: Wie alle schwärmte sie hingebungsvoll für die Schauspielerin, sie sammelte Fotos, Zeitungsbilder und Zeichnungen und versuchte, keinen einzigen Henny-Porten-Film zu verpassen.

Mit Sicherheit war Josephine von Losch nicht gerade entzückt über das Idol ihrer Tochter – zumal die Filme der Diva eigentlich für Erwachsene gedacht waren. Wenn sie geahnt hätte, wie weit ihre Tochter mit der Heldenverehrung gehen würde, hätte sie den Riegel wahrscheinlich frühzeitig vorgeschoben – aus Anstand, versteht sich. Denn Marlenes Schwärmerei verwandelte sich ziemlich schnell in eine Art Belagerung: Zu jeder Gelegenheit schickte sie der Schauspielerin Grüße und verfolgte sie auf Schritt und Tritt. Henny Porten hatte ihren penetranten Fan, das »kleine niedliche Mädel mit den blonden Locken«, natürlich längst bemerkt. Denn Marlene wurde immer aufdringlicher: Eines Tages stand sie mit der Geige im Hausflur der Porten und spielte ihr ein Ständchen, das diese noch artig vernahm. Als Marlene jedoch selbst im bayerischen Urlaubsdomizil des Ehepaars Porten auftauchte, da sie zufällig mit ihrer Schulklasse in der Nähe war, und ihr Instrument auspackte, wurde es der angebeteten Schauspielerin dann doch zuviel. Kaum hatte das Gefiedel eingesetzt, schlug die Porten ihr Fenster lautstark zu.

Wie Marlene diese offensichtliche Zurückweisung empfunden haben mag, darüber schweigt sie in ihren Memoiren. Henny Porten erinnerte sich noch Jahrzehnte später an ihren anhänglichen Fan, aus dem mittlerweile ein weitaus bedeutenderer Filmstar geworden war, als sie es jemals gewesen ist. Und es war schmeichelhaft, ausgerechnet von »der Dietrich« angehimmelt worden zu sein. So wird es wohl an der Berühmtheit Marlenes liegen, daß die Porten hinterher beteuerte, sich – hinter dem lautstark geschlossenen Fenster – allein ihrer »Freude und Rührung« hingegeben zu haben.

Für Marlene jedenfalls war das Zusammentreffen mit Henny Porten eine schicksalhafte Begegnung. Sie lernte auf diese Weise schon früh die große Bedeutung des Starruhms kennen – den sie bald selbst in all seinen angenehmen wie unangenehmen Facetten auskosten sollte.

Mit Kriegsbeginn im August 1914 änderte sich viel im Leben Marlenes. In Anbetracht der zu erwartenden Kriegswirren verlegte der mittlerweile zum Hauptmann beförderte Herr von Losch seinen Haushalt auf den Familiensitz nach Dessau. Marlenes Mutter, die zur Einkommensverbesserung zu diesem Zeitpunkt offiziell noch die Haushälterin im Hause Losch war, zog also mit ihren Töchtern kurzerhand mit – und zertrennte dadurch das feine Band, das sich soeben zwischen ihrer Tochter und der großen weiten Filmwelt geknüpft hatte. Zeit für Henny Porten hatte Marlene nun nicht mehr – zumal in ihrer neuen Schule vor allem Propagandafilme aus dem Kriegsministerium auf dem Stundenplan standen.

Marlene fühlte sich nicht sehr wohl in diesen Jahren. Sie war in die Pubertät gekommen, verträumt – und hatte ganz offensichtlich mit den typischen Seelenqualen heranwachsender Mädchen zu kämpfen. Erste, noch völlig harmlose Flirts, Gedanken über Leben und Tod und eine heftige, allerdings nur kurz aufflammende Religiosität begleiteten den Reifeprozeß des Teenagers. Sicherlich wird sie sich gerade in jenen Tagen mit ihrer Geige getröstet haben, die sie von ihrer Mutter zu Beginn der Schulzeit bekommen hatte. Immer wieder ist in ihren eigenen Aufzeichnungen und den Erzählungen anderer die Rede von diesem Instrument. Keine Frage, Marlene war begabt. Die Geige wurde zum Begleiter einsamer Stunden, und sie nahm regelmäßig Unterricht. »Eines meiner Lieblingsstücke auf der Geige war die ›Serenade‹ von Giuseppe Torelli. Ich spielte sie vor und nach meinen Stunden; sie war mein Wiegenlied«, brachte sie ihren Hang zu romantischen und süßen Klängen auf den Punkt. Und sie entwickelte Ehrgeiz, unterstützt von der Mutter und der Lehrerin, die sicherlich beide den Fleiß des jungen Mädchens schätzten.

Geigerin sollte sie werden. Marlene übte und übte – und war dennoch davon überzeugt, nie richtig gut zu sein. »Auf der Geige zweifelt … man ständig an der Reinheit des Tons, auch wenn der Lehrer anerkennend mit dem Kopf nickt.« Doch Marlene wollte den Ton finden, den richtigen, der das Innerste, die Seele zum Ausdruck bringt. So wie ihr es ihr später mit ihrer Stimme, mit ihrer vollendeten Erscheinung gelingen wird.

Mit der Geige betrat sie auch erstmals die Bühne. In die Annalen der Marlene-Biographie ist dabei ein Vorspielen anläßlich des 50. Jahrestages der Erschießung Kaiser Maximilians von Mexiko eingegangen, bei dem sie mexikanische Lieder fiedelte – und auch schon mal das Tragen von Hosen ausprobierte!

Wenngleich es die Musik sicherlich schaffte, Marlene von den Kriegswirren um sie herum abzulenken – so ganz ausblenden konnte man den Krieg auf diese Weise nicht. Marlene war schließlich an der »Heimatfront« und hatte männliche Verwandte im Krieg. Aus dem Jahr 1916 ist eine Anekdote von ihr überliefert, die zeigt, wie sehr auch sie die Politik beschäftigte: Ein Onkel von Marlene war Zeppelinkommandant und an einem Angriff auf Birmingham beteiligt. Nun hielt sich zum Zeitpunkt dieses Angriffs ausgerechnet der britische König, ein Neffe des deutschen Kaisers, dort auf – was diesen dazu veranlaßte, den Angriff abzubrechen. Durch diesen plötzlichen Stop konnte der Zeppelin, der von Marlenes Onkel kommandiert wurde, von den Engländern abgeschossen werden, und alle fanden den Tod. Marlene empörte sich sehr über diesen kaiserlichen Befehl. Ihr ausgeprägter Gerechtigkeitssinn machte im Zweifelsfall eben auch vor der preußischen Autorität nicht halt. Im gleichen Jahr fiel auch Marlenes Stiefvater Eduard von Losch an der russischen Front. Damit war die Familie abermals ohne Mann und Ernährer.

Als sich der Krieg seinem Ende näherte und die verwitwete Josephine von Losch mit ihren Töchtern wieder in die Hauptstadt in ihre Wohnung in der Kaiserallee (der heutigen Bundesallee) zurückkehrte, war aus Marlene ein hübsches junges Mädchen von sechzehn Jahren geworden, dessen außergewöhnlichen »Schlafzimmeraugen« als erstes die Lehrer zum Opfer fielen. Marlene stellte fest, daß man mit seinem Körper, seiner Schönheit und Ausstrahlung viel erreichen kann, vorausgesetzt, man weiß damit umzugehen – eine Erkenntnis, die sie ihr Leben lang nicht mehr vergessen sollte.

Berlin hatte sich in den Jahren ihrer Abwesenheit verändert. Von der preußisch-bürgerlichen Herrlichkeit war nicht mehr viel übrig: ein verlorener Krieg, ein gestürzter Kaiser und ein Großteil der männlichen Bevölkerung in den Schützengräben eines unsinnigen Stellungskrieges gefallen.

Mit dem Generalbebauungsplan von Hermann Jansen war es trotz des Krieges gelungen, Berlin architektonisch wachzurütteln. Die dreigeschossige Bauweise wurde eingeführt, die Neuerrichtung von Quergebäuden und Seitenflügeln verboten und die Erweiterung der Stadt zur Havel hin beschlossen. Ornamentfanatiker wurden zu Ingenieurkünstlern, und mit dem 1907 von Hermann Muthesius in Berlin mitbegründeten »Werkbund« setzte sich Deutschland auch künstlerisch-technisch für ein Jahrzehnt weltweit an die Spitze.

Berlin ließ sich nicht kleinkriegen. Im Gegenteil: Hinter den neuen Fassaden regierte die Vergnügungssucht, das Laster war salonfähig geworden. Hätte Marlenes Mutter auch nur geahnt, in was für eine Welt sie mit ihren Töchtern zurückkehrte, sie wäre wahrscheinlich in Dessau geblieben. Wieviel mag Marlene zu dieser Zeit schon mitbekommen haben von der aufregenden Vielfalt des Kabaretts, der frivolen Halbwelt der Tänzer, Huren und Ganoven und vor allem dem so ganz anderen Theater? Was wußte sie schon von Homosexualität, Drogen und freier Liebe, was hatte sie für eine Vorstellung vom Leben moderner Frauen in der Großstadt? Wahrscheinlich wurde sie zunächst durch ihre Mutter von den Versuchungen des neuen Berlins erfolgreich abgeschirmt. Stundenlang lag sie in ihrem Zimmer und entdeckte die Welt der Bücher. Knut Hamsun hieß ihre erste literarische Liebe, sein einfacher, klarer Stil ohne schmückende Adjektive beeindruckte sie. Dies ist um so bemerkenswerter, da sie doch in der Musik eindeutig das romantisch-verspielte Moment etwa eines Torelli bevorzugte – was so gar nicht zu der minimalistischen Ausdrucksweise Hamsuns passen will. »Je lieblicher eine Melodie war, desto besser gefiel sie mir«, erinnert sie sich noch Jahrzehnte später. Vielleicht ist hier einer der Vorboten jener Wesenszüge zu erkennen, die aus Marlene später »die Dietrich« machten: der Kontrast zwischen klarer Linie, Schlichtheit und

Disziplin – und dem mädchenhaften Hang zum glitzernden Ro-
caille, zu frechem Witz und flatterhaftem Leichtsinn, das »ge-
wisse Etwas« eben. Wer denkt hier nicht an die zahlreichen Kleider und Kostüme der späteren Diva, stets verblüffend einfach in
Schnitt und Linie und doch von glamouröser Exklusivität.

Die Musik blieb ihre Leidenschaft. Zum Kriegsende hin
entschied sich Marlene für ein klassisches Musikstudium. Ihre
Chancen waren nicht schlecht: Durch den Tod der Großmutter hatte Josephine von Losch geerbt und schien für den Rest
ihres Lebens materiell abgesichert. Die Finanzierung des Mu-
sikstudiums für die begabte Tochter war da kein Problem. Ein
Trugschluß, wie sich später herausstellte, die galoppierende
Inflation der zwanziger Jahre zehrte Frau von Loschs kleines
Vermögen innerhalb kurzer Zeit auf.

Von Oktober 1919 bis Juni 1921 studierte Marlene in Weimar
– in der Provinz. Die Mutter wähnte ihre hübsche Tochter
nun in Sicherheit vor den Verlockungen Berlins. Doch so pro-
vinziell war die Goethestadt nun auch wieder nicht, im Gegenteil: Im August war mit der Verabschiedung der Weimarer
Reichsverfassung die neue Republik gegründet worden, und
in Kunst und Architektur entwickelte sich gerade hier ein
hochmodernes geistiges und künstlerisches Zentrum. »Über-
legene Intelligenz entflammt meine Liebe«, stellte Marlene
später einmal fest. Allerdings bezog sie sich dabei wohl weniger auf ihre platonische Liebe zu Künstlern und Genies ihrer
Epoche als vielmehr auf die zahlreichen Beziehungen, die aus
dieser zunächst geistigen Faszination entstanden. Auch Weimar hatte in dieser Hinsicht einiges zu bieten.

Walter Gropius gründete 1919 in Weimar das Staatliche
Bauhaus, das als Schule und Versuchsstätte der modernen Ge-
staltung galt. Malerei, Architektur, Plastik und Innenarchi-
tektur fanden darin zusammen – und ein nie zuvor dagewese-
ner interdisziplinärer Austausch begann. Paul Klee, Wassily
Kandinsky und Lyonel Feininger diskutierten über neue Ge-
staltungsperspektiven, über Farbe, Form und die Abstraktion
architektonischer Ausdrucksformen mit den Mitteln der Ma-

lerei. Oskar Schlemmer folgte 1920 dem Ruf in die neue Hauptstadt der modernen Kunst, um die Bühnenwerkstatt zu leiten – andere berühmte Künstler und Architekten kamen nach. Und Marlene werden diese Boten einer neuen Zeit nicht entgangen sein.

Zunächst konzentrierte sie sich mit vollem Eifer auf Musik und Literatur. Ganz im Rausche des Spiritus loci begeisterten sie und ihre Studienfreundinnen und Zimmergenossinnen sich natürlich für Goethe und »fraßen« sich förmlich durch sein Werk. »Wir lasen die ›Leiden des jungen Werther‹ und vergossen viele Tränen. Am liebsten hätten wir, wie es heute üblich ist, unsere Freude laut hinausgeschrieen bei der Entdeckung, daß ein so berühmter Schriftsteller unsere jungen Seelen kannte«, berichtete Marlene Dietrich in ihren Memoiren beinahe wehmütig. »Goethe war für mich zu einem Gott geworden«, und diese Bewunderung für den klassischen Dichter sollte sie ein Leben lang beibehalten. »Goethes Weisheit leitete mich – damals wie heute.«

Nicht nur Goethes Werke, seine Gedichte, Romane, seine »Maximen und Reflexionen«, kannte sie zum Teil auswendig, auch Kant zählte seit ihrer Weimarer Zeit zu Marlenes geistigen Vorbildern. Mit seinem Denken war sie schon im Hause ihrer Mutter konfrontiert worden. »Gott sei Dank wurde ich mit dem Kategorischen Imperativ und der Lehre von Immanuel Kant erzogen und während meiner gesamten Jugend dazu angehalten, wie ein Mann zu denken«, bekannte sie. »Seine Gesetze waren meine Gesetze, ich kannte sie auswendig.« Logik und Vernunft sollten ihr bestes Kapital für die Zukunft werden. »Handle so, daß die Maxime deines Willens jederzeit zugleich als Prinzip einer allgemeinen Gesetzgebung gelten könnte.« Kluge Gedanken eines Mannes, der gleichzeitig als Pedant und Gewohnheitstier galt. Ein ungewöhnliches Leitbild für ein junges Mädchen der Weimarer Republik. Hier war sie also wieder, die preußische Geradlinigkeit und strenge Selbstdisziplin der frühen Jahre, versteckt unter dem Mantel von Literatur und Philosophie. Hatte sich so wenig verändert?

Wohl kaum. Denn gleichzeitig entdeckte Marlene ganz andere Welten: ihren Körper beispielsweise, der dank guter Kost recht üppig geworden war – und die Männer. Ihr Geigenlehrer Professor Reitz, selbst kein Kind von Traurigkeit, dürfte ihr erster Liebhaber gewesen sein – und wahrscheinlich auch einer der Gründe, warum Marlene schon bald überstürzt nach Berlin zurückkehren mußte; die alarmierte Mutter hatte ein Machtwort gesprochen. Die Kleidung, die Marlene für ihre Geigenstunden wählte, sprach jedenfalls Bände, wie ihre Mitschülerinnen noch Jahre später versicherten.

Außerdem hatte Marlene ihre Fühler in eine ganz andere Richtung ausgestreckt: Sie hatte sich mit Lothar Schreyer, einem Graphiker und Bühnenbildner, und seiner Frau angefreundet. Familie Schreyer wiederum stand in engem Kontakt mit den Bauhaus-Künstlern – und das interessierte die schöne Marlene. Als sie eines Tages mitbekam, daß die faszinierende Lebedame Alma Mahler-Gropius ihren Besuch bei den Schreyers angekündigt hatte, ließ sie sich der bekannten Frau wie zufällig im Treppenhaus vorstellen – in einer bühnenreifen Inszenierung, wie Zeugen später bestätigten. Denn instinktiv hatte Marlene das schlichte Raffinement gewählt, um ihrem Gegenüber in Erinnerung zu bleiben: ein einfaches, fast schon unauffälliges Kleid, zusammen mit dem verspielten Requisit ihrer Geige, sogar die Beleuchtung stimmte – ein echter Star-Auftritt. Auch Alma Gropius war diese Wirkung nicht entgangen – »Welche Augen!« waren ihre ersten Worte nach der Begegnung, an die sie sich noch Jahre später erinnerte.

Interessant an dieser für Marlene typischen Episode ist die Tatsache, daß sie in Weimar offensichtlich bewußt begann, Bekannte, Freunde oder Liebhaber zu wählen, die sie in irgendeiner Form weiterbrachten, ihrer Karriere förderlich waren. Dank Reitz enwickelte sich ihre Karriere auch in Berlin gut betreut weiter. Denn über ihn lernte sie ihren späteren Berliner Geigenlehrer Dr. Julius Levin kennen, der sie noch lange väterlich begleiten sollte, auch nach ihrer Zeit als Geigenschülerin.

Mit der Musik als Beruf war es bald vorbei. Ob ihr auf

Grund einer Sehnenscheidenentzündung tatsächlich buchstäblich die Geige, »das Symbol« ihres »verlorenen Traumes«, aus der Hand gerissen worden war oder sie, was wahrscheinlicher ist, aus wirtschaftlichen Gründen ihre Studien beenden mußte – sie begann jedenfalls im Orchester eines Kinos Stummfilme musikalisch zu begleiten. Auf Exaktheit, Tempo und hundertprozentiges Engagement kam es dabei an, alles Eigenschaften, über die Marlene in außergewöhnlichem Maße verfügte. Sie erkannte das Prinzip, die Struktur der Filme; eine Erfahrung, die ihr noch sehr nutzen sollte. Dennoch war sie ihren Job schnell wieder los: Marlenes Beine lenkte die ausschließlich männlichen Orchesterkollegen zu sehr von ihrer Arbeit ab.

Aber Marlene hatte ohnehin genug begriffen mit ihren zwanzig Jahren und erkannt, wohin sie wollte: hinein in die Verlockungen der modernen und jungen Großstadt. Hatte sie verstanden, daß es funktioniert mit den zwei Welten? Daß Kant mit Kabarett, daß Disziplin mit Dreistigkeit oder daß Erotik mit Ehrgeiz durchaus harmonieren, ja sich wechselseitig fördern können? »Buntheit läßt sich durchaus mit Schwarzweiß verbinden«, hatte Alma Mahler-Werfel einmal gesagt – und dabei Marlene Dietrich vor Augen? Berlin konnte sich auf etwas gefaßt machen.

»Ich bin das dritte Girl von rechts«

Das wilde Berlin

Allein zu schlafen,
außer auf Anordnung des Arztes,
hat viele Nachteile …
Marlene Dietrich

»Berlin in den zwanziger Jahren war allen voraus. Produktiv und reich an Ideen. Reich an Organisation, reich an Idealen und zugleich praktisch; eine nie mehr erreichte Kombination. Vom von den Berlinern erfundenen Jargon gar nicht zu reden: unersetzbar und für uns Berliner unersättlich.« Marlene war 1921 nach Berlin zurückgekehrt und erkannte schnell, was diese Stadt für sie bereithielt. Nachdem sie den Traum von einer Karriere als Violinistin endgültig begraben hatte, war sie nun bereit für das Abenteuer, das Berlin zu verheißen schien. Ihre Handlinien, von einer Chiromantin analysiert, ließen bereits erahnen, daß der Stern der jungen Frau im Berlin der »wilden« Zwanziger aufgehen würde: »Sie besitzt viele Zeichen und eine Überfülle von Linien. Der Venusberg mit seiner interessanten Linienführung zeigt viele schmale Leitern, die wie Strickleitern aussehen; die Kopflinie fällt stark zum Lunaberg ab, Depressionen und trübe Stimmung anzeigend, die zum Glück nicht ihren Widerhall in einem geschlossenen Saturnring finden. Der Saturnring in dieser Hand ist offen. … Die Kunstlinie ist ein geradezu überraschendes Gebilde von Schönheit, Wucht und Eindrucksfähigkeit. Wie ein Feldherrenstab, der an seiner Spitze einen Schellenbaum trägt, mutet diese Kunstlinie von seltener Pracht an.«

Welch vielversprechende Perspektiven für ein preußisches Mädchen, das plötzlich ohne konkrete berufliche Zukunft dastand – und in eine Stadt zurückgekommen war, die sich innerhalb weniger Jahre vollkommen verändert hatte. »Jetzt war ich zum ersten Mal in meinem Leben untätig. Ich traf die Entscheidung. Meine Mutter tat es nicht, sie schien auch

nicht mit meiner Entscheidung zufrieden zu sein. Ich entschloß mich, es beim Theater zu versuchen.« Marlene hatte
die Zügel ihrer Berufsplanung in die Hand genommen. Mit
ihren einundzwanzig Jahren löste sie sich endgültig von den
Vorstellungen ihrer Mutter und begann ihr Leben selbst zu
gestalten. Die Stadt, die sie bei ihrer Rückkehr vorfand, bot
den idealen Nährboden für ihre neuen Ambitionen.

In nur wenigen Jahren war in Berlin das Unterste zuoberst
gekehrt, waren Reiche arm, Arme reich geworden. Das Nie-
dere trug nun die Nase hoch, saß in Restaurants, fuhr große
Autos, behängte sich mit Brillanten. Frauen trugen Hosen,
Männer stolzierten geschminkt durch die Straßen. Der Wi-
dersinn hatte Methode – eine neue Zeit war angebrochen. Die
bahnbrechenden Bauten von Erich Mendelsohn, Bruno Taut
und Mies van der Rohe brachten frischen Wind in die Schin-
kelstadt. Gegenüber vom Bahnhof Zoo, rings um die Gedächtniskirche, entstand der sogenannte »Berliner Broad-
way«: zahlreiche Kinos, darunter der Ufa-Palast am Zoo, das
Capitol, der Gloria-Palast oder der Tauentzien-Palast. Der
Großstadthimmel funkelte und sprühte in vielfarbigem Lich-
terglanz. Der Ku'damm, diese dreieinhalb Kilometer zwischen Gedächtniskirche und Halensee, war der Nabel der
neuen Welt. Wer etwas auf sich hielt, nannte die neue Berliner
Prachtstraße seine Heimat. Einem französischen Boulevard
ähnlich, lag der Kurfürstendamm wie ein breites Band zwischen den hohen Häuserfluchten mit den Jugendstilfassaden,
den Gründerzeitvillen und den vielen neuen Bauten, die Hotels, Theater und Cafés beherbergten oder bald aufnehmen
sollten. In der Mitte suggerierte ein breiter Grünstreifen mit
Platanen großzügige Weitläufigkeit und teilte den alten Para-
dedamm in zwei voneinander unabhängige Straßenseiten.
Obwohl der Verkehr Anfang der zwanziger Jahre mit den nie
enden wollenden Blechkolonnen von heute nicht zu verglei-
chen ist, wird es auch damals kein leichtes Unterfangen gewesen sein, die Straßenseite zu wechseln: Ein buntes Gemisch
aus Pferdedroschken und knatternden Automobilen ver-
stopfte die Fahrbahnen und sorgte für einen hohen Geräusch-

pegel. Er war laut, unruhig und aufdringlich, der Kurfürsten-damm – und das nicht nur durch Motorengeräusche und Pferdehufe.

Zahlreiche Vergnügungsstätten, Geschäfte und vor allem die Kaffeehäuser verstärkten das lebhafte Durcheinander. In deren überfüllten Räumen, wo überarbeitete Kellner von Tisch zu Tisch eilten, traf sich die Gesellschaft des neuen Berlin. Musikkapellen gehörten zum Standard. »Der Kapellmeister wirft seine Arme wie Windmühlenflügel umher. Die Geigen kratzen munter drauflos … Irgendein Chansonnier plärrt ein pseudo-patriotisches Liedlein. Vom Kaiser und von der Zeit, wo die Straßenbahnfahrt noch zehn Pfennige kostete. Von der Armee, die man draußen eingescharrt hat. Weil die Chansons geschmacklos und kitschig sind, freut sich das Publikum und applaudiert.« Euphorisch schilderten Zeitgenossen das bizarre Flair dieser Orte. Hier klatschten und konspirierten, umweht von dichtem Zigaretten- und Zigarrenqualm, die illustren Gäste: Dichter und Demagogen, Leutnants und Luden, Revoluzzer und Reaktionäre, Kaufleute und Kriegsinvaliden, Stars und Sternchen.

Sie waren es, die die vielen neuen Theater und Varietés bevölkerten, stets auf der Suche nach dem jüngsten Skandal, dem neusten Schrei, der ungewöhnlichsten Idee. Und immer wieder Fremde, neue Gesichter, bereit, diese erstaunliche Stadt aufzusaugen, ein Teil von ihr zu werden, dazuzugehören. Die rasant anwachsende Vielfalt der neuen Metropole wurde schnell sprichwörtlich und reizte Autoren und Erzähler wie Siegfried Kracauer, Franz Hessel oder den russischen Dichter Andrej Bely zu hinreißenden Schilderungen einer Welt, die wie im Taumel lebte und sich vergnügte. Und dennoch – all diese ekstatische Vergnügungssucht schloß preußische Tugenden nicht aus. Bely, der wie so viele Russen nach der Revolution im Berliner »Charlottengrad« – wie man Charlottenburg wegen der zahlreichen russischen Emigranten, die sich dort niedergelassen hatten, scherzhaft nannte – eine vorübergehende Heimat fand, pflegte die Berliner mit folgender Anekdote zu charakterisieren: »Ein Bekannter er-

zählte mir: ›Ich habe mich viele Male in einem kleinen Nacht-
lokal bis zur Bewußtlosigkeit betrunken, und obwohl ich dort
allein war, bin ich immer in meinem Bett wieder zu mir gekommen.‹ – ›Wie kamen Sie aber nach Hause?‹ – ›Offen
gesagt, ich weiß es nicht: nur einmal fand ich in meinem
Portemonnaie die feine Visitenkarte eines mir unbekannten
deutschen Leutnants, der mich seiner freundschaftlichen Gefühle versicherte und vermerkte, daß er mich nach Hause gebracht habe. ... Ja, es ist schön in diesem wundervollen Berlin.‹«

Schön waren zweifelsohne auch die Frauen, die diese Szenerie beherrschten. »Sie sahen anders aus als in der Vorkriegszeit. Sie waren leichter und luftiger geworden, vielleicht auch
etwas kantiger«, schreibt Kiaulehn, »bei der Berlinerin war
diese Verwandlung besonders verblüffend. Sie hatte alles Provinzielle abgestreift, ... hatte klare Augen, und ihrer äußer-
lichen Sachlichkeit stand die kleine Beigabe von Sarkasmus
gut.«

Wie einen überdimensionalen Laufsteg nutzten die Berline-
rinnen den Ku'damm dazu, gemeinsam zu flanieren, sich zu
präsentieren, zu poussieren. Mit ihren schmalen, raffiniert ge-
schnittenen Kleidern, frechen Hüten, Seidenstrümpfen und
auf hochhackigen Schuhen oder in Hosenanzügen – der neuesten weiblichen Provokation – stolzierten sie Arm in Arm vor
den Auslagen der Geschäfte, stürzten sich in das lautstarke
Treiben der überfüllten Cafés, lachten, kicherten, schauten
sich um – sehen und gesehen werden. Sie waren fein oder
wollten es sein, trugen bunte Tücher, Federboas, großen
Schmuck und rauchten auf der Straße. Ihre Gesichter zeigten,
was sie gerne gewesen wären: Grande Dame, Glamour-Girl,
Stadtgespräch. Nach den Entbehrungen der Kriegs- und
Nachkriegsjahre waren sie neugierig geworden – auf das wilde
Leben, die große weite Welt und die ganz neuen Freiheiten,
die sie plötzlich hatten. Ihr Publikum waren die Männer. Als
Dandys verkleidet oder vielleicht doch noch nicht ganz dem
preußischen Schick abhold, dickbäuchig, mit längeren Haa-
ren, Hauptsache modern, reich oder irgendwie anziehend.

Und immer auf der Suche nach Unterhaltung, nach Ablenkung, schneller Liebe. Genuß und Konsum sollten Krieg und Inflation vergessen machen.

In den vielen Etablissements, die sich alle irgendwie Theater nannten, zum Beispiel. Dort, wo einem leichte Geschichten um Liebe, Laster und Tod den Abend versüßen konnten. Wo freche Lieder bewiesen, daß man endlich verstanden hatte, worauf es ankommt. Wo Frivolität, Erotik und Homosexualität aus dem dunklen Mief der preußischen Schlafzimmer ins Rampenlicht des wahren Lebens gefunden hatten. Freie Liebe, wilde und offene Ehen waren plötzlich en vogue, eheliche Treue etwas für ewig Gestrige. Wozu sich für einen einzigen Lebenspartner entscheiden, wenn einem Berlin zu Füßen lag?

Und Marlene war mittendrin. Hier lebte sie endlich so, wie sie wollte. Konnte ihrem Hang zu eigentümlich-auffälliger Kleidung nachgeben. Durfte ungeniert Aufmerksamkeit erwecken, ohne unangenehm aufzufallen – wie noch kurz zuvor in der Weimarer Provinz. Vermochte sich selbst auszuprobieren, eigene Bedürfnisse zu erkennen und Grenzen zu setzen. Und war dabei nicht allein, sondern fand Gleichgesinnte, lebenslustige junge Frauen, Freundinnen. Eine von ihnen war Marianne Hoppe: Arm in Arm sah man sie oft den Ku'damm und die Friedrichstraße entlangspazieren – begafft, belächelt oder wütend beschimpft. So soll es Schauspielerkollegen der Hoppe gegeben haben, die das extrovertierte Damen-Duo unmöglich fanden und dies auch kundtaten, denn beide galten als Inbegriff der beunruhigend modernen Frau: selbstbewußt, androgyn und der lesbischen Liebe nicht abgeneigt, schwer einzuordnen, schamlos und ehrgeizig. Marlene selbst hat sich übrigens nie so gesehen: »Meine Mutter ... Angst muß ihre Tag- und Nachtträume beherrscht haben. Angst, daß ich zu einem Leben der Sünde verführt würde ... Sie wußte damals noch nicht, daß ich gepanzert gegen alle diese Versuchungen war.« Zumindest wußte Marlene immer sehr genau, was sie wollte und was sie nicht wollte. Ohnehin verführte sie lieber, als daß sie sich hätte verführen lassen. Das neue Leben war ein Spiel, ein großer Rummelplatz, exotisch, pittoresk, käuflich und verwerflich. Man pflegte das Geschmacklose, applaudierte dem Verbotenen, intrigierte in Salons, liebte Kokain, Bars, Spielhöllen, Prostitution – grelle gnadenlose Nachtgestalten, die Otto Dix nicht weniger gnadenlos porträtierte. Ehrlichkeit und Korruption, Adel und Halbwelt, Ruhm und Schande, Geld und Inflation, Schönheit und Perversion – alles war dicht beieinander, miteinander vermengt.

Und trotzdem: Es gab sie immer noch, die ewig Gestrigen. Der Kaiser hatte abgedankt, doch die alten Patrioten marschierten singend den Ku'damm entlang: »Wir wollen unsern alten Kaiser Wilhelm wieder haben, wir wollen unsern alten Kaiser Wilhelm wieder haben. Aber nur mit Bart, aber nur mit Bart.« Die Dichter, Schauspieler und Künstler im Romanischen Café rümpften nur die Nase. Mit dem alten Kaiser hatte dieses intellektuelle Berlin nun wirklich nichts mehr im Sinn. Nein, im neuen Berlin gab es keinen Platz für alte Bärte. Die junge Republik kämpfte um ihre Existenz – und mit ihr die Menschen, jeder auf seine Art. Während am Ku'damm gefeiert wurde, lieferten sich rote und braune Kämpen Unter den Linden Straßenschlachten. Und wenn am oberen Ende der Prachtstraße linke Intellektuelle über die Zukunft des neuen Staatsgefüges philosophierten, begannen am unteren Ende militante Nationalisten damit, die Republik zu demontieren, geeint nur dadurch, daß ihnen jegliches Zutrauen zur neuen Staatsform fehlte, wie es Alfred Kerr damals auf den Punkt brachte:

> Wer sieht ein täglich Morden
> Und findet keinen Rat?
> Wer duldet Landsknechthorden
> Als rüden Staat im Staat?
>
> Wer schläft das tiefste Schläfchen?
> Trotz Militärmusik?
> Wer hat die schönsten Schäfchen?
> Eine gewisse, eine gewisse,
> Eine gewisse Republik.

Aber noch war Platz für alle. Berlin war groß, der Ku'damm lang. Das machte sie aus, die Metropole, die Welt der jungen Marlene, die sich soeben anschickte, die ersten Sprossen der Ruhmesleiter zu erklimmen.

Marlenes Perspektiven waren allerdings ungewiß. Die große Karriere war ihr zunächst versagt, sie mußte, sie wollte Geld verdienen – in einer Zeit, als das Geld im Zuge der Inflation wie Sand durch die Finger rann. Aber Marlene hatte Witterung aufgenommen. Ihr untrüglicher Instinkt, der ihr auch später oft zu richtigen Entscheidungen verhelfen sollte, lenkte sie zum Theater und zum Kabarett. »Denn das Theater war der einzige Ort, wo man schöne Texte und schöne Verse vortragen konnte, wie die von Rilke, die mir das Herz brachen und zugleich auch wieder Mut machten.« Zielsicher nahm sie Gesangsstunden und lernte Tanzen, wenngleich sie von den Brettern, die die Welt bedeuten, zunächst noch weit entfernt war.

Glaubt man den Worten ihres Schwagers Georg Will, trat sie zum ersten Mal in einer Show im Kellerclub des berühmten Theaters des Westens in der Kantstraße auf. Ob es schon hier ihre später legendären Beine waren, die ihr den Weg auf die Bühne ebneten? Für ihre Aufnahme ins Girl-Kabarett von Guido Thielscher lieferten sie sicherlich das entscheidende Argument – und danach auch die Eintrittskarte in die Welt der »Extra-Mädchen« oder »Kanonen«, wie man die Darstellerinnen der flotten und extravaganten Revuen eines Rudolf Nelson nannte. »Und zum Schluß, und zum Schluß, gibt uns jeder einen Kuß!« Das waren freche neue Töne, wenngleich hier noch kein besonderes schauspielerisches Talent von der jungen Tänzerin gefordert wurde.

Über ihr Leben im Berlin der zwanziger Jahre und ihre ersten Engagements berichtete Marlene Dietrich gewöhnlich spärlich. »Das hat alles überhaupt nichts zu tun mit mir«, wischte sie dieses Jahrzehnt harter Schule einfach vom Tisch, was um so erstaunlicher ist, als sie in genau jenen Jahren diese einzigartige Mischung aus Erotik, Kühle und geheimnisvoller Frivolität entwickelte, die ihr Markenzeichen werden sollte.

Dabei konnte sie in mehr als fünfzig Produktionen Erfahrungen sammeln, beobachten, üben – und dann schließlich ihren eigenen Stil finden. Marlene lernte schnell, wurde besser, denn sie war ehrgeizig – vielleicht unbewußt angestachelt durch die Mutter, die nichts übrig hatte für das neue, unstete Leben ihrer schönen Tochter, deren Ambitionen nun auch auf die »hohe« Kunst des Theaters gerichtet waren.

Nach ihren ersten Revue-Erfahrungen bewarb sich Marlene ungeniert an der renommierten Schauspielschule Max Reinhardts in Berlin – und fiel durch. Das war bitter, war damit doch der direkte Weg zum Ruhm zunächst versperrt. Das Gretchen hatte ihr einen Strich durch die Rechnung gemacht: Anstatt verhaltener und schlichter Darstellung hatte Marlene zu dick aufgetragen, wohl ihre Erfahrungen als Revuegirl zu stark ins Spiel gebracht. Übrigens sollte ihr dieser Fauxpas nie wieder passieren – galt sie doch schon bald als Meisterin der sparsamen Geste ...

Ihre Prüfer konnte sie jedenfalls nicht begeistern – auch wenn sie später immer wieder behauptete, eine Schülerin Reinhardts gewesen zu sein. Sternberg erwähnt in seinen Memoiren, daß Marlene von ihrer Ausbildung in den dreißiger Jahren einmal auf einer Hollywood-Party erzählt habe, auf der auch Reinhardt war. Ungeniert habe sie über ihre Erfahrungen an der Schauspielschule geplaudert – scheinbar ohne Sorge, vom großen Schauspiellehrer desavouiert zu werden. Die Rechnung ging auf: Zwar kamen »Reinhardts Augen ... erst ungefähr zwanzig Minuten später wieder in ihre normale Position«, richtiggestellt scheint er die Geschichte dennoch nicht zu haben – vielleicht hinderte ihn Marlenes Berühmtheit daran oder die peinliche Tatsache, daß ausgerechnet seiner Schule ein derart außergewöhnliches Talent nicht aufgefallen war.

Die Ablehnung Reinhardts 1922 war für Marlene zwar ärgerlich, aber kein echtes Hindernis. Mit dem Schwung ihrer jungen Jahre, blond und gut gewachsen, und einer gehörigen Portion Dreistigkeit konnte man leicht weiterkommen damals. Das war ihr mittlerweile klargeworden. Sie war zwar ehrgeizig, aber nie verbissen. Vor allem aber half ihr die frische Art, die Fred Hildenbrandt ihr bescheinigte: »Die beste ihrer Eigenschaften war schon damals eine angenehme Natürlichkeit und Unbefangenheit, und niemals entdeckte man Gekünsteltes an ihr.«

Ihr Ehrgeiz hatte etwas Verspieltes, Leichtes. Der Spaß dabei war ihr fast ebenso wichtig – und die Menschen um sie herum liebten sie dafür. Viele glaubten an sie, Frauen insbesondere. Sogar Hedda Adlon, die Gattin des berühmten Hoteliers, war begeistert von ihrer spontanen, unkomplizierten Art. Marlene schaffte es, Menschen zu gewinnen, sie regelrecht zu erobern – und welch ein Glück, wenn diese sie dann noch weiterbrachten! Rosa Valetti war eine von ihnen und natürlich Claire Waldoff und Betty Stern. Lobbying nennt man das wohl heute neudeutsch. Rosa Valetti war eine der ersten, die sie ihrem Ziel, dem Ruhm der großen weiten Welt, näherbrachte. Sie trat im Kabarett »Größenwahn« im Café des Westens auf und – Marlene hatte sich unter einem Vorwand in die Garderobe der Valetti geschlichen – erkannte sofort das Besondere an der jungen Schauspielerin: ihre Beine, ihre Augen und ihre Stimme, die so gar nicht zu einem Gretchen à la Reinhardt passen wollte. Auf ihre Empfehlung hin kam sie zu Dr. Berthold Held, dem Leiter von Reinhardts Schauspielschule. Gemeinsam mit Grete Mosheim, die später ebenfalls als Schauspielerin berühmt werden sollte, erhielt sie nun Unterricht, wenn auch nicht als offizielle Schülerin Reinhardts. Fechten, Stimmbildung, Gymnastik, rhythmische Gymnastik und Englisch standen auf dem Programm. Und natürlich das Theater selbst: Fast jede Nacht verbrachte sie dort, im Deutschen Theater oder in den Kleinen Kammerspielen. Sie hörte zu, lernte und zeigte sich, wo immer sie konnte. Dank Held hatte sie nun auch Zugang zu den privaten Treffen der bekannten Schauspieler, konnte sich unauffällig unter die Stars mischen. Und sie bekam ihre ersten kleinen Rollen: als Ludmilla Steinherz in Frank Wedekinds »Die Büchse der Pandora« zum Beispiel – »das war ein Stück, in dem ich eine von den stummen Herumsteherinnen war. So unglaublich es klin-

Marlene Dietrich vor den Berliner Kammerspielen in der Schumann-straße

gen mag, ich hatte keine Ahnung, worum es sich in dem Stück handelte. Ich war nur im dritten Akt auf der Bühne und saß auf einem Sofa»; oder in »Der Widerspenstigen Zähmung« im großen Schauspielhaus als Witwe im 5. Akt – »Die drei Sätze waren mehr, als ich jemals vorher zu sagen hatte«.

Nur leben, leben konnte man nicht von den vielen kleinen Rollen als Statistin oder Nebendarstellerin. Berlin war mondän, Berlin war teuer, das Geld inflationär und Marlene eine schlechte Verwalterin. Schon damals gab sie ihr Geld für sich oder andere ebenso schnell aus, wie sie es verdient hatte. Geld bedeutete ihr an sich wenig. Es war ihr stets Mittel zum Zweck. Wenn andere es brauchten, dann gab sie – und machte kein Aufhebens davon. Außerdem liebte Marlene das Leben in den Kreisen, die dem Luxus und dem Savoir-vivre frönten. Wie gut, daß ihr Onkel Willi geheiratet hatte. Jolly Felsing, gebürtige Polin, erfahrene Lebedame und eine extravagante Erscheinung, hatte Verständnis für Marlenes Ambitionen – und unterstützte sie auf ihre Art.

Jolly war nur ein Jahr älter als Marlene und verkörperte einen Frauentyp, der nichts mehr mit den früheren Idealen der Familie Felsing zu tun hatte. Als Onkel Willi, der viele Freunde beim Theater hatte und dem freizügigen Lebensstil der Schauspieler schon immer sehr nahe stand, mit seiner exotischen Frau aufkreuzte, wirkte diese auf Marlene wie ein Star. Jolly hatte genau das, was ihr noch fehlte: Lebenserfahrung zum Beispiel, denn sie war bereits zum zweiten Mal verheiratet, hatte sogar schon in Hollywood gelebt und einfach eine enorme Ausstrahlung. Das schönste an ihr waren ihre Kleider und ihr Schmuck, wobei sie dank des Felsingschen Juweliergeschäftes nun an der Quelle saß. Marlene verstand sich blendend mit Jolly, fühlte sich erstmals innerhalb ihrer Familie so richtig verstanden und profitierte davon. Denn Jolly zeigte sich ihr gegenüber großzügig und freute sich augenscheinlich über Marlenes Bewunderung. Sie verhalf ihr zu einem eleganten Outfit, lieh ihr, wann immer sie wollte, schicke Kleider, Hüte, Pelze und Schmuck – und so kam Marlene zu genau den Attributen, die sie so dringend brauchte als angehender Star. Kurz: Von Jolly lernte Marlene, ihr Image nach außen sichtbar zu transportieren. Man muß ihr allerdings zugute halten, daß sie den Stil ihrer Schwägerin nie kopierte – im Gegenteil: Sie kombinierte anders, brachte ihre Beine stärker ins Spiel, hatte Sinn für verblüffend einfache, aber raffinierte Details.

Sicherlich waren es nicht zuletzt ihre extravagant schicken Kleider, die Marlene auch in Kontakt mit berühmten Künstlern brachten, denn sie fiel zweifelsohne auf. Hessel schrieb ebenso über sie wie Max Brod, sogar Alfred Kerr, der scharfzüngige Theaterkritiker, hatte wohlwollende Worte für sie. Und vom großen Max Liebermann ist überliefert, daß er – immerhin schon siebzigjährig – seufzte, als er Marlene eines Tages vorbeiflanieren sah: »Wenn ich fuffzich Jahr' jünger wär' ...« Mittlerweile kannte man Marlene in Berlin. Doch trotz zahlreicher Kabarett- und Revueaufführungen hatte es zum ganz großen Durchbruch bislang nicht gereicht.

Ihre Kolleginnen und Kollegen setzten inzwischen auf eine

neue Karte, und das Girl mit den schönen Beinen eiferte ihnen nach: Man ging zum Film. Ganz so einfach war das natürlich nicht – auch hier zählten Kontakte und Beziehungen. Marlene hatte Glück: Onkel Willi machte sie nach langem Drängeln mit einigen seiner Freunde bekannt.

Marlenes erste Probe-Filmaufnahmen waren nicht der Rede wert, zumal sie ohne Anbindung an irgendein laufendes Filmprojekt entstanden, aber sie war »ganz verrückt aufs Filmen«. Schließlich stellte Onkel Willi sie endlich einem »richtigen« Filmregisseur vor.

Georg Jacoby hatte eine ausgeprägte Schwäche für »schauspielerndes Frischfleisch« mit langen Beinen, und so gab er Marlene die langersehnte Rolle – wenn es auch nur ein winziger Part als Tabletts tragende Bedienung war – in dem Film »Der kleine Napoleon« (auch unter dem Titel »So sind die Männer« bekannt). Später bestritt Marlene allerdings, je dabei mitgewirkt zu haben. Über ihre ersten bewegten Bilder war sie geradezu entsetzt: »Ich sehe aus wie eine Kartoffel mit Haaren!«– ein Urteil, mit dem sie der Wahrheit sogar ziemlich nahe kam, wie ein Foto bestätigt. Wer hätte gedacht, daß mit »Der kleine Napoleon« der Grundstein für eine Weltkarriere gelegt worden war? Und dennoch: Vorerst wollte sie vor allem dabei sein, wollte den Zug nicht verpassen. Und dazu gehörte es eben, möglichst viele Rollen zu ergattern.

Aus heutiger Sicht ist es geradezu erstaunlich, wie leicht Marlene in das Filmfach wechseln konnte. Sie verfügte über keine solide schauspielerische Ausbildung, wie etwa Greta Garbo oder Elisabeth Bergner, denn der Unterricht bei Held, da war Marlene sich mit ihrer Freundin und Kollegin Grete Mosheim einig, war alles andere als lehrreich. Auch ließ sie sich keinem der klassischen Rollenfächer zuordnen, sie war weder eine glaubwürdige Naive, noch verfügte sie über herausragendes komödiantisches Potential. Und für das politische Theater oder Kabarett, das – nachdem die Zensur gefallen war – zeitkritisch und polemisch auf Veränderung und Erneuerung setzte, fehlte ihr das notwendige politische Bewußtsein. Die roten Jungs waren ihr zu »stiefellastig«, die hehren Ziele des Kommunismus vielleicht durch die Berichte der russischen Emigranten in Frage gestellt. Womöglich mußte man sich beim politischen Schauspiel dann für eine Seite entscheiden. Als gute Preußin war ihr die eigene Freiheit am wichtigsten. Dennoch spielte sie bereits Anfang der zwanziger Jahre in erstaunlich vielen, sehr unterschiedlichen Theater- und Filmproduktionen mit – und das, bevor sie zu dem einzigartigen Frauentypus wurde, der ihr später Tür und Tor öffnen würde.

Der Beruf des Schauspielers hatte Hochkonjunktur. Die rasante Entwicklung des Theaters und des Films war die Voraussetzung für Marlenes Karriere. Mitte der zwanziger Jahre gab es in Berlin knapp fünfzig Theater, drei große Varietés und 75 Kabaretts mit Kleinkunstbühnen. Bereits wenige Jahre später verfügten die Berliner über 363 Kinos (!), die von 37 Filmgesellschaften mit bewegten Bildern versorgt wurden. Das aufstrebende Berlin war der ideale Nährboden für die Produzenten des schönen Scheins. Hinzu kommt, daß die Berliner ein ausnehmend interessiertes und engagiertes Publikum waren. Sie gierten nach dem Neuen, dem Extraordinären, dem Skandal. Und sie wollten um jeden Preis unterhalten werden, abgelenkt vom Alltag, den meist finanzielle Sorgen prägten. Das Amüsement gehörte zum guten Ton. Man ging abends nicht nur essen irgendwo zwischen Hotel Adlon und dem Romanischen Café, sondern besuchte immer auch irgendeine kulturelle Veranstaltung. So konnte sich in diesen Jahren eine Institution wie der Sportpalast etablieren, der Massen mit Unterhaltungsprogrammen aller Art versorgte – wenn nötig, sogar über mehrere Tage. Gleichzeitig verwischte die einstmals strenge Trennung zwischen dem ernsten Theater der gebildeten Oberschicht und der leichten Muse der einfacheren Leute. Es war »in«, dem klassischen Theater den Rücken zu kehren; wer etwas auf sich hielt, zeigte sich dort, wo die Halbwelt verkehrte. Eine Entwicklung mit Konsequenzen: Denn nun standen die Produktionsgesellschaften, Regisseure, Drehbuchautoren, Songschreiber und Filmemacher plötzlich vor dem Problem, nicht nur Unmengen Stoffe produzieren zu müssen, sondern auch nur halbwegs geeignete Personen zu finden, die diese Ergüsse interpretieren konnten. In dieses Vakuum platzte Marlene, eine Frau, die ihre Chance haarscharf erkannt hatte.

Marlene hatte sich dem strengen Regiment ihre Mutter entzogen und lebte mittlerweile allein in einer Pension. Und das war wohl auch gut so, denn zu dieser Zeit begann sie, das Leben in vollen Zügen zu genießen. Wie mag sie in ihren tief dekolletierten Kleidern, mit rotem Schmollmund und dramatisch geschminkten Augen auf das andere Geschlecht gewirkt haben? Eines ist jedenfalls klar: Marlene schnappte sich die Männer, so viele und so oft sie wollte – und entsprach damit voll und ganz dem neuen Frauenbild. Einer, der sich von ihrem herben Charme einfangen ließ – da war sie bereits verheiratet –, war Willi Forst, Wiener, Schauspieler und Regisseur. Marlene und er lernten sich bei Dreharbeiten zu dem Film »Café Electric« kennen, in dem er die Hauptrolle spielte. Willi half ihr beim filmischen Aufstieg und teilte Marlene selbstlos mit anderen. So zum Beispiel mit Igo Sym, einem gutaussehenden Bayern, der ebenfalls in »Café Electric« mitspielte. Sym war keineswegs auf das weibliche Geschlecht fixiert und hatte vielleicht gerade deshalb einen Narren am androgynen Typ Marlenes gefressen. Er war es auch, der ihr beibrachte, die singende Säge zu spielen, eine Kunst, mit der sie später so oft reüssieren sollte.

Otto Preminger gehörte eine Zeitlang ebenfalls zu Marlenes Geliebten. Mit dem Regisseur und Filmproduzenten, der später wie sie in die USA emigrierte, verband sie eine lebenslange Freundschaft. Das konnte man von einer anderen, sehr intensiven Affäre Marlenes – die übrigens auch noch während ihrer Ehe anhielt – nicht behaupten: Rudolf Forster, der beste Freund ihres späteren Ehemannes Rudi Sieber und Patenonkel ihrer Tochter Maria, hatte mit Hilfe Marlenes während des Krieges eine Aufenthaltsgenehmigung für Amerika erhalten, war aber schon nach kurzer Zeit in das Berlin Hitlers zurückgekehrt. Marlene vergab ihm diesen politischen Fauxpas nie. Doch die Beziehung innerhalb der »Ménage à trois«

war wohl schon zu Berliner Zeiten nicht allzu harmonisch gewesen. Forster bekannte in seinen Memoiren: »Meine erste Erinnerung an sie. An einem Weihnachtsabend standen sie, ihr Gatte und ich an der Wiege ihrer Tochter. Die Szene war hinreißend falsch inszeniert. Ich bin den schweren Brocken lange nicht losgeworden!«

Wie sehr andere damals noch mit dem »schweren Brocken« Marlene zu kämpfen hatten, bleibt Spekulation. Der Komponist Peter Kreuder gehörte jedenfalls in den Reigen ihrer Liebhaber, ebenso ein junger Bäckermeister aus dem hannoverschen Raum. Jüngst aufgetauchte Liebesbriefe aus dem Jahr 1921, Marlenes letzten Monaten in Weimar und ihrer ersten Zeit zurück in Berlin, sprechen eine deutliche Sprache und vermitteln ein glaubwürdiges Bild der jungen und lebenslustigen, aber auch verliebten Schauspielerin im film- und theatersüchtigen Berlin: »Mein Michilein! Sein Sie nicht bös, ich bin arg nervös heut. Der erste Tag ohne Sie war schrecklich«, oder: »Ich weine so viel, Michilein, viel zu viel ... Wissen Sie noch, wie schön das war? ... Vergessen Sie mich nur nicht ...«

Marlene war keinesfalls mehr unschuldig und alles andere als unerfahren, als sie sich daran machte, ihren künftigen Ehemann Rudolf Sieber zu erobern. Mit Sicherheit reizte er die junge Frau, zumal ihm der Ruf eines gutaussehenden und charmanten Frauenschwarms vorauseilte. Sieber arbeitete Ende 1922 als Regieassistent und Aufnahmeleiter bei dem Filmregisseur Joe May, war mit dessen Tochter verlobt und für die Besetzungsliste des neuesten Filmes »Tragödie der Liebe« mitverantwortlich. Man suchte neue weibliche Gesichter – und innerhalb kurzer Zeit stand halb Berlin Schlange, herausgeputzt, möglichst auffällig und voller Hoffnung. Natürlich reihte sich auch Marlene ein – eine solche Chance konnte sie sich nicht entgehen lassen. Und sie fiel auf. Denn ganz im Gegensatz zu all ihren Kolleginnen hatte sie sich für eine schlichte Aufmachung entschieden: Lediglich mit einem recht durchsichtigen weiten Gewand bekleidet und einem Hund an der Leine, stach sie die gesamte Konkurrenz aus und zog nicht nur Rudolf Sieber in ihren Bann. Sie bekam einen Job – erst als Statistin, dann mit einer kleinen Rolle – und konnte so unmittelbar die Eroberung des blonden Charmeurs betreiben. Denn sie hatte sich eindeutig verliebt und tat alles dafür, erhört zu werden. »Marlene war sehr amüsant und unterhaltsam, attraktiv und originell, kein Mann konnte ihr widerstehen«, stellte auch Mia May, die Frau des Produzenten, neidlos fest. »Überall erschien sie mit einem Monokel und einer Boa, gelegentlich auch mit fünf roten Fuchspelzen … Auf den Straßen Berlins wurde sie ständig von Leuten verfolgt, die über sie lachten, aber dennoch von ihr fasziniert waren; sie lieferte ihnen Gesprächsstoff.«

Gesprächsstoff gab es auch um Rudi Sieber und Marlene. Obwohl er mit der Tochter seines Arbeitgebers verlobt war und Marlene nebenbei auch noch Theater spielte, um ihren kostspieligen Lebenswandel finanzieren zu können, nutzte sie jede freie Minute, um ihm nachzustellen. Sie erreichte ihr Ziel. Nach nur gut fünf Monaten, am 17. Mai 1923, standen Marlene und Rudi vor dem Traualtar. Damit waren die Sorgen der Mutter um ihre Tochter im Sündenpfuhl Berlin ein wenig kleiner geworden – zumal im November dieses Jahres die Einführung der Rentenmark endlich für ein Ende der Inflation in Deutschland sorgte.

Hätten beide geahnt, wie sich diese scheinbar so vielversprechende Ehe entwickeln würde – wer weiß, vielleicht hätten sie es sich noch einmal anders überlegt. In ihren Memoiren beschreibt Marlene die erste Zeit mit Rudi wie ein Rührstück aus dem 19. Jahrhundert: »Er liebte mich mit seinem ganzen Sein, wie man nur einen Menschen lieben kann.« Zurückhaltend, zart und rücksichtsvoll seien sie gewesen, alle Regeln des Anstandes hätten sie gewahrt. »Wir verlobten uns, und nach einem Jahr heirateten wir.« Warum Marlene hier rückblickend derart beschönigt, weiß man nicht. Tatsache ist jedoch, daß die beiden zunächst zwar ein schönes und sicherlich auch glückliches Paar waren, das dann jedoch sexuell bald getrennte Wege ging. Dennoch blieben sie einander ein Leben lang aufs engste verbunden: Rudi stand Marlene stets mit Rat und Tat beiseite, handelte Verträge für sie aus und beriet sie bei persönlichen Schwierigkeiten. Und Marlene unterstützte ihn vor allem finanziell, ermöglichte ihm diverse Umzüge und ein weitgehend sorgenfreies Leben mit seiner Dauergeliebten Tamara Matul. Die stammte übrigens aus dem engsten Umfeld Marlenes, zerbrach jedoch viele Jahre später an der Dominanz ihrer Gönnerin und ihrer eigenen traurigen Rolle als verleugnete Geliebte. Denn das Arrangement mit Marlene legte fest, daß Rudi und Tamara zeit ihres Lebens kein Interview geben, nie heiraten und keine gemeinsamen Kinder haben durften. Tamara starb in einer kalifornischen Heilanstalt, ermordet von einem Mitpatienten.

Doch von all dem war natürlich am Hochzeitstag der Siebers nichts zu spüren. Nach der Trauung im Standesamt Berlin-Friedenau folgte die kirchliche Zeremonie. Mit geöffnetem Myrtenkranz (immerhin, so ehrlich war die Braut denn doch), Schleier und schmalem Kleid – wie es der Chic ihrer Zeit gebot – schritt Marlene frisch vermählt am Arm ihres Gatten die Stufen der Kaiser-Wilhelm-Gedächtniskirche hinunter. Was sie wohl gedacht hat, als sie vor dem Altar die eheliche Treue gelobte? »Ich, voller Sehnsucht nach Gefühl und Poesie, weinte, während ich meinen Mann ansah und seine Ruhe bewunderte.« Ob sie geahnt hat, wie oft sie in ihrem Leben noch über mögliche Eheschließungen spekulieren würde – ohne sich vielleicht jemals ernsthaft dafür zu interessieren? Marlene hatte ihr Soll in Sachen Ehe in diesem Moment erfüllt, daran konnten später nicht einmal Weltstars wie Gary Cooper, Jean Gabin oder Erich Maria Remarque, mit denen Marlene leidenschaftliche Liebesbeziehungen verbinden sollten, etwas ändern.

Die Kirche – zwischen 1891 und 1895 am oberen Ende des Kurfürstendamms zum Gedenken an Kaiser Wilhelm I. errichtet – »war voller Familienmitglieder in Uniform und in Zivil«, erinnerte sich Marlene später an ihren großen Tag. Immerhin heiratete hier ein echtes Traumpaar des neuen Berlin: extravagant, gutaussehend und aus dem aufstrebenden Filmmilieu. Und die Hochzeit fand am Mittelpunkt der Welt statt – glaubt man den Worten Andrej Belys, der einst beim An-

blick der Kirche enthusiastisch ausrief: »Die Spitze der schönsten Kirche sieht die Kreuzung der Zeiten und Räume. Das Vorsintflutliche kreuzt die anbrechende Zukunft; Moskau kreuzt Prag, Paris, Sofia ...« Wie prophetisch für die Weltkarriere der Braut!

Das frisch verheiratete Paar konzentrierte sich von Anfang an auf Marlenes Karriere. Wahrscheinlich hatte Rudolf Sieber mit seinem Blick für Frauen schnell erkannt, welch verborgenes Kapital er da geehelicht hatte, und er unterstützte sie, wo immer er konnte. Zu dieser Zeit saß auch Alfred Kerr irgendwann einmal unter den Zuschauern im Theater in der Königrätzer Straße und sah sie wohlwollend in einer offensichtlich recht freizügigen Rolle in Shakespeares »Sommernachtstraum«. »Ein weithin ersichtliches Beinpaar fand seine Zuständigkeit bei Marlene Dietrich ... Es ging über die Mittelklasse hinaus.«
  Doch mit der Freizügigkeit war schneller Schluß als erwar-

tet: Marlene und Rudi bekamen ein Kind. Das war alles andere als zeitgemäß – wie sollte sich die schreiende Brut mit den Verlockungen der modernen Großstadt vereinbaren lassen? Auch wenn Marlene später ihr Mutterdasein stets glorifizierte – nach der anfänglichen Begeisterung über das neue Familienleben und dem üblichen Stolz über den Nachwuchs zogen die jugendlichen Eltern es vor, ihre alten Gewohnheiten wieder aufzunehmen. Maria Elisabeth Sieber wurde am 13. Dezember 1924 geboren und wuchs in ihren Berliner Jahren vor allem bei der Großmutter Josephine auf, die in unmittelbarer Nähe zu ihrer Tochter immer noch in der Kaiserallee wohnte.

Marlene kehrte also zur Tagesordnung zurück, ohne sich jemals so ganz von der Tragweite der Veränderung ihres Lebens zu erholen. Das Verhältnis zwischen Mutter und Tochter war zeit ihres Lebens geprägt von übertriebener Mütterlichkeit, Schuldgefühlen, Abhängigkeiten und fast schon haßerfüllter Ablehnung und Schmähungen von seiten Marias.

Der Zeitpunkt für die Rückkehr ins Berliner Kulturleben war gut gewählt, machte doch soeben ein anderer Star in Berlin Furore und stachelte den Ehrgeiz Marlenes an: Greta Garbo, die bald in Hollywood Karriere machen würde, war in aller Munde. Was für eine Chance – ganz Berlin wartete doch auf Stars und Glamour! Also nahmen die Siebers ihr Leben zwischen Film, Theater und Amüsement wieder auf, nicht immer gemeinsam. Marlene besuchte zwielichtige Clubs mit homoerotischen Programmen, stellte sich zur Schau, zeigte viel Fleisch und liebte es, Stadtgespräch zu sein. Wer weiß, vielleicht haben es beide sogar genossen, von anderen begehrt zu werden, vielleicht war dies der entscheidende Kitzel ihrer freizügigen Ehe. Dazu kam sicherlich auch die Tatsache, daß Marlene eben wegen ihres besonderen Lebensstils plötzlich zum *inner circle* des neuen Berlin gehörten, man kannte die Siebers und redete über sie. »Woran erkennt man, daß es aus ist mit der Liebe? Wenn er oder sie versprochen hat, um sieben da zu sein, und erst um neun kommt, und man hat nicht die Polizei alarmiert oder sich seit mindestens einer Stunde mit diesem Gedanken beschäftigt – dann ist es aus mit der Liebe«, sagte Marlene einmal in einem Interview – allerdings viele Jahre und Liebhaber später.

Obwohl Marlene Stadtgespräch war, so richtig gute Rollen, solche, die den Durchbruch für eine junge und ambitionierte Schauspielerin gebracht hätten, wollte man ihr nicht geben. Schuld daran war wieder einmal ihr Aussehen: Sie war mit diesen Beinen und dieser Figur in den Besetzungsbüros festgelegt auf die Rolle des »Mini-Vamp mit schönen Beinen«, jeglichem Talent zum Trotz. Keine Frage, es mußte etwas passieren, um aus ihr endlich eine seriöse Schauspielerin zu machen. Denn dazu war Marlene bestimmt, davon war sie mehr denn je überzeugt.

Und es passierte etwas: Marlene begann, sich intensiv für Claire Waldoff zu interessieren. Sie hatte die pummelige Kabarettistin mit der frechen Klappe bereits vor ihrer Ehe kennengelernt, ohne allerdings mit ihr richtig befreundet gewesen zu sein. Das sollte sich nun ändern. Bei Claire lernte Marlene nicht nur die Reize der lesbischen Liebe kennen – die sie übrigens ein Leben lang schätzte –, sondern entwickelte sich zu der Marlene, die später die Welt erobern sollte. Claire Waldoff, die erste Berlinerin mit kurzgeschnittenen Haaren, der »Dreikäsehoch mit großen Nasenlöchern über einer schottisch-karierten Krawallschleife«, war zu jener Zeit eine Berliner Institution. »In ihrem Gesang lag die ganze Philosophie der Berliner Hinterhäuser«, schreibt Walter Kiaulehn, »Rollmops und Streuselkuchen, der Sonntagsausflug mit ›ihm‹, aber auch dieses ›die Butter lasse ich mir noch lange nicht vom Brot nehmen …‹« Mit ihrem Witz und ihrer Verwegenheit verlieh sie auch den einfachen Menschen auf den Brettern des Metropoltheaters künstlerische Gestalt. Fast doppelt so alt wie Marlene und alles andere als schön im klassischen Sinn, vermochte sie es wie keine andere, in Marlene die androgyne Seite ihrer erotischen Ausstrahlung zu erwecken. Unter Claires Führung lernte Marlene, ihre rauchige Stimme besser und gezielter einzusetzen. Weniger ist mehr, das wußte Marlene eigentlich bereits – von Claire lernte sie jedoch das richtige Timing, die Mischung, den Stil. Sie verstand es nun immer besser, Frauen und Männer gleichermaßen in ihren Bann zu ziehen. Und sie wurde frecher, möglicherweise auch wacher, was politische Vorgänge betraf. Immerhin zählte Claire zur aktiven Linken, ihr soziales Engagement war beispielhaft, sie spielte und sang für Arbeitslose und hungernde Kinder. Claire Waldoff stammte aus einfachsten Verhältnissen und machte nie einen Hehl daraus, sie wußte, wie es ganz unten aussah.

Wie auch immer, plötzlich war Marlene präsent, wenn sie eine Bühne betrat – ohne irgend etwas Besonderes zu tun. Sie rauchte langsam und sexy oder blickte einfach lasziv aus ihren Schlafzimmeraugen ins Publikum – und Berlin war hingerissen. Das war es, was aus dem Talent den Star machte: diese Aura, die ihr stets etwas Geheimnisvolles, Unnahbares verlieh. Der plötzliche Glamour tat ihr gut. Es war Zeit, eigene Wege zu gehen – zumal sich die filmische Zusammenarbeit mit ihrem Mann jedesmal als finanzielles Desaster herausstellte.

Eine neue Förderin geriet ins Blickfeld: Betty Stern mit ihrem Salon. »Ich glaube nicht, daß wir einen Anspruch auf Glück haben. Wenn das Glück kommt, sollte man dankbar sein«, stellte Marlene einmal fest. Ihr Glück tauchte in der Person von Betty Stern auf. »Der Salon war ein Salon durch das Phänomen Betty Stern ... klein, rund, brünett, rotbäckig ... mit einer wirren Frisur, einer überlauten, durchdringenden Stimme und einer Unbekümmertheit ohnegleichen ... kannte [sie] keine Diskretion ... Ihre Gutherzigkeit und blinde Hilfsbereitschaft schrieen zum Himmel.« Für Fred Hildenbrandt, der oft bei ihr verkehrte, gehörte Betty Stern zu jenen Menschen, die einen untrüglichen Riecher für große Talente und künftige Berühmtheiten besaßen. Obwohl sie mit ihrem Mann, einem Berliner Industriellen, und ihrer Tochter Nora in bescheidenen Verhältnissen lebte, gab sie in ihrer Wohnung in der Schöneberger Martin-Luther-Straße regelmäßig Gesellschaften. Diese Gesellschaften hatten es in sich: Alles, was Rang und Namen hatte in der Berliner Welt der Künstler, Schauspieler, Journalisten und Literaten, ging bei ihr ein und aus. Sie führte einen Salon, ohne im klassischen Sinne die räumlichen Möglichkeiten dazu zu haben. Eng war es bei ihr, und das Essen, die Getränke mußte man mitbringen. Außerdem entsprach ihre Einrichtung keinesfalls dem aktuellen Stil, war eher spießig-konservativ. Und trotzdem führte sie einen der berühmtesten Salons Berlins!

Ein Bonmot dieser Zeit war die Feststellung Herbert Nelsons (Sohn eben jenes Rudolph Nelson, bei dem Marlene ganz am Anfang ihrer Karriere in einer Girl-Revue getanzt hatte): »Wenn man den Durchbruch geschafft hatte, wurde man zu meinem Vater eingeladen. Aber wenn man nicht zu Betty Stern eingeladen wurde, konnte man es in Berlin nie zu etwas bringen. So einfach war das.« Nun, Marlene war häufiger Gast bei Betty, sie waren gut befreundet. Und Betty stellte Marlene allen ihrer Meinung nach wichtigen Persönlichkeiten vor. Hier lernte Marlene Willi Forst kennen – und hier feierte sie auch erste echte Erfolge, die sich mit »Es liegt in der Luft«, einer Revue am Theater am Kurfüstendamm, 1928 endlich eingestellt hatten. Wer kennt sie nicht, die frechen Lieder dieser Revue, die noch heute zum Repertoire vieler Ensembles gehören?

Wenn die beste Freundin mit der besten Freundin,
um etwas einzukaufen, um was einzukaufen,
um sich auszulaufen,
Durch die Straßen latschen, um sich auszuquatschen,
...
Ja, mein Mann ist ein Mann!
Ja, dein Mann ist ein Mann!
Wie mein Mann ist kein Mann!
Wie dein Mann ist kein Mann!

Früher gab's den Hausfreund, doch der schwand dahin.
Heute statt des Hausfreunds, gibt's die Hausfreundin!

Das Duett Marlenes mit Margo Lion, der Ehefrau des Text- und Drehbuchschreibers Marcellus Schiffer (die Melodie stammte von Mischa Spoliansky), wurde in Berlin zum Hit der Saison. Die eindeutige Zweideutigkeit des Textes machte aus dem Stück einen kleinen Skandal – und aus Marlene über Nacht einen gefeierten Star. Die erste Platteneinspielung folgte, Marlene entwickelte sich innerhalb kurzer Zeit zu einem begehrten Werbeträger für Strumpfhosen. Man wurde auf die »neue Garbo« aufmerksam, hörte auf das, was sie zu sagen hatte.

Und zu sagen hatte sie in der Tat viel, das mußten auch einige Vertreter des Reichsverbandes der Industrie erfahren, jener Organisation, die ab 1932 Hitlers Weg zur Macht mitfinanzieren sollten. Sie äußerten sich eines Tages lautstark im feinen Restaurant Horcher Unter den Linden über die Dekadenz des Berliner Kulturlebens. Irgendwie waren sie dort ins Gespräch gekommen mit Leuten vom Theater, unter denen sich auch Marlene Dietrich befand. Einer der Industriellen, Ernst Blüthgen, erinnerte sich noch Jahre später in einem Gespräch mit dem Autor an diese denkwürdige Begegnung aus dem Jahr 1928: »Marlene war eindeutig die Wortführerin der Berliner Gruppe. An jenem Abend kam das Thema auch auf die kulturelle Rolle Berlins, und die Vorstandsmitglieder des Reichsverbands berichteten den Berliner Künstlern von ihren Plänen, in Düsseldorf und in Köln ein Pendant zur Berliner Kulturmetropole aufzubauen, damit Berlin nicht so ausnahmslos die Kultur in Deutschland bestimmen könnte. Der Dekadenz im Bereich des Theaters und des Films müsse man eine klare Diktion deutscher Prägung entgegensetzen, was nur vom Rheinland aus geschehen könne. Und ob die Damen und Herren Theaterleute nicht vielleicht in naher Zukunft in Düsseldorf oder in Köln auf der Bühne stehen wollten?«

Für Marlene schien dieses Angebot in keiner Weise verlockend. Blüthgen: »Impulsiv verteidigte sie das Avantgardistische eines Max Reinhardt und seiner Kollegen. Sie berief sich auf die Berliner Operette eines Richard Tauber und einer Fritzi Massary, sie verwies auf die großen Opernabende in der Staatsoper und in der Charlottenburger Oper, sie lobte Furtwängler und seine Philharmoniker und kam dann auf den Berliner Film und auf seine großen Regisseure Ernst Lubitsch und Fritz Lang zu sprechen, der doch nur in Berlin einen Film wie ›Metropolis‹ hätte schaffen können.« Marlene sei richtig in Fahrt gekommen: »Nirgends gäbe es da Dekadenz. Was hier in Berlin kulturell geboten würde, das gehöre zur Spitze der Weltkultur.« Wie Blüthgen weiter berichtet, habe Marlene keine Einwände gelten lassen. Eine solche Kultur, die zudem an die Berliner und ihre besonderen Eigenarten gebunden sei, könne man doch nicht verlagern; auch nicht mit noch so viel Geld. Berlin sei eben Berlin, und Bismarck wäre gut, sehr gut beraten gewesen, daß er Berlin und nicht eine andere Stadt zur Hauptstadt Deutschlands gemacht habe. Von dieser Marlene, deren Weltkarriere kurz bevorstand, waren die Herren des Reichsverbandes sichtlich beeindruckt. Es sollte nicht das letzte Votum Marlenes für ihre Heimatstadt bleiben. Immer wieder wird Marlene sich in den nächsten Jahrzehnten für »ihr Berlin« einsetzen, leidenschaftlich, hartnäckig – und unwiderstehlich.

Ende der zwanziger Jahre war Marlene in Berlin endlich gut im Geschäft. Sie verdiente nun so viel, daß sie sich, ihre Tochter, ihren erfolglosen Mann und seine Geliebte Tamara gut ernähren konnte, ohne auf ein gewisses Maß an Luxus verzichten zu müssen. Und sie stand – ohne es zu ahnen – kurz vor ihrem ganz großen Durchbruch. Mit »Zwei Krawatten« startete sie am 5. September 1929 auf der Bühne des Berliner Theaters einen ihrer großen Berliner Musical-Erfolge – und empfahl sich dabei einem Mann, der aus ihr den Mythos machen sollte, als der sie in die Annalen der Filmgeschichte einging. Denn im Publikum saß der fünfunddreißigjährige Hollywood-Regisseur Josef von Sternberg, der eine Hauptdarstellerin für sein neuestes Projekt »Der blaue Engel« suchte, das in Deutschland realisiert werden sollte. Der Film nach Motiven von Heinrich Manns Roman »Professor Unrat« war für Sternbergs Karriere so wichtig, daß er nichts dem Zufall überlassen wollte. Für die Rolle des Professors hatte er den großen Emil Jannings gewonnen – nun fehlte noch der weibliche Gegenpart.

In Berlin hatte sich die Besetzungsfrage natürlich längst herumgesprochen. Bekannte Schauspielerinnen wie Leni Riefenstahl oder Lucie Mannheim bewarben sich um die Rolle der feschen Lola, doch Sternberg hatte sich nach seinem Revuebesuch im Prinzip entschieden. Bestimmte Formalitäten mußte er allerdings einhalten, und so bestellte er Marlene zu Probeaufnahmen ins Studio nach Babelsberg. Und natürlich kam sie – wenn auch scheinbar ohne sichtbares Interesse an der Rolle. Eher konservativ gekleidet, ließ sie fast apathisch die Aufnahmen über sich ergehen, sprach von ihren viel zu geringen Erfahrungen für diese Rolle, was eine eindeutige Lüge war! Und sie forderte ihn heraus, er sei unfähig, Frauen vor der Kamera zu führen. Kurz: Sie war genau so, wie ein Regisseur es im Besetzungsgespräch nicht erwartet. »Das ist es, was den Sternberg interessiert hat«, versicherte sie später grinsend und gab damit wohl eine ihrer gelungensten Inszenierungen zu. Denn Sternberg war natürlich neugierig geworden auf diese schöne, kühle, blonde Frau mit der rauchigen Stimme. Und er lud sie noch einmal ein, jetzt zu Probeaufnahmen mit Klavierbegleitung. Leni Riefenstahl und vor allem Lucie Mannheim hatten diese bereits absolviert – was würde Marlene nun erreichen?

Sie bekam die Rolle, ihrem einmaligen Instinkt sei es gedankt! Denn sie benahm sich während der Aufnahmen so flegelhaft, wie es nur einer Hafenhure à la Lola zuzutrauen war. Sie rauchte, beschimpfte im schnoddrigsten Berlinerisch den Pianisten, lehnte sich vulgär ans Klavier – und wurde so zum Inbegriff der frivolen Lola-Lola. Sternberg hatte einen echten Star entdeckt, auch wenn sich später viele die Rollenbesetzung der Lola mit Marlene Dietrich auf ihre Fahne schreiben wollten. Eine berühmte Anekdote stammt zum Beispiel von Hedda Adlon: Bei ihr trafen sich die Theaterleute oft an der Bar, Emil Jannings zählte zu den Stammgästen des Hotels. Und angeblich war es auch Jannings, der irgendwann abends schlechtgelaunt an der Hotelbar saß, da immer noch keine weibliche Hauptdarstellerin für seinen neuesten Film gefunden war. Hedda Adlon soll ihn ihren Worten nach an diesem

Abend auf Marlene aufmerksam gemacht haben, die sie kurz zuvor in »Zwei Krawatten« bewundert hatte.

Geschichten dieser Art kursieren viele, sie alle sind wohl erst nach dem Weltruhm des Girls vom Ku'damm entstanden. Denn für die Besetzung war Sternberg verantwortlich – und der wußte ganz genau, was er wollte: Marlene.

Über den »Blauen Engel« wurde seit seiner Entstehung so viel geschrieben, daß wahrscheinlich alles gesagt ist. Fest steht jedenfalls: »Der Blaue Engel« markierte den Beginn von Marlene Dietrichs Weltruhm und war der erste Auftritt des neuen Typus Marlene: lebendig und frech, verrucht und frivol, von einer sanften Schönheit. Und dahinter stand diesmal keine leichte Revue, sondern ein geniales Quartett: Carl Zuckmayer als Drehbuchautor, der berühmte Friedrich Hollaender als Komponist, Sternberg als Regisseur und Jannings, der auf der Höhe seines Ruhmes stand, als Professor Unrat. Dabei war letzterer nicht erfreut gewesen über Marlenes Besetzung – »das werden Sie eines Tages noch bereuen«, hatte er vor Beginn der Dreharbeiten geunkt. Nun, irren ist menschlich – und Marlene wurde der Star des Films. Das bemerkte Jannings natürlich bereits während der Dreharbeiten – die übrigens in der heute legendären Halle Nord auf dem Babelsberger Studiogelände stattfanden –, was immer wieder zu Spannungen führte. In der berühmten Würgeszene soll er es sogar einmal ernst gemeint haben vor Wut. Außerdem kam er mit den für ihn noch ganz neuen Tonaufnahmen nicht zurecht, ein Problem, das Marlene dank ihrer Revueerfahrung nicht kannte.

Lola-Lola wurde jeden Tag besser, ihre Szenen knisterten vor Erotik. Der Grund dafür war zweifelsohne in der Person ihres Regisseurs zu suchen. Spätestens als sie damit begann, von zu Hause aus für seine Verpflegung zu sorgen, war jedem klar, daß die beiden eine Affäre hatten. Nur Jannings, der wie immer sehr mit sich selbst beschäftigt war, merkte zunächst von alldem nichts und versuchte immer noch, Marlene an die Wand zu spielen. Ein hoffnungsloses Unterfangen, wie sich bald herausstellte, denn Sternberg hatte bereits mit der Art seiner Kameraführung entschieden, wer der eigentliche Star des Films werden würde.

Marlene hatte es geschafft. Mit ihrem Instinkt für Nuancen und Situationen hatte sie das erreicht, wovon andere nur träumten. Daß der Film ein Erfolg würde – daran zweifelte keiner mehr. Auch daß Marlene dann Sternberg nach Hollywood folgen würde, war schon vor der Premiere klar. Und da Ehemann Rudi sowieso von ihrem Geld abhängig war, mußte sie nicht einmal mit Widerstand rechnen. Die Welt wartete auf Marlene – und sie kam. Noch am gleichen Abend der grandios erfolgreichen Premiere von »Der blaue Engel« im Gloria-Palast am Ku'damm mit ihrem denkwürdigen Auftritt im weißen Pelz schiffte sich Marlene nach New York ein. Für die Filmindustrie, für die Politik und für die Liebe hatte eine neue Zeitrechnung begonnen. Und für Marlene ein Leben voller Sehnsucht nach Berlin.

> Berlin wird immer mehr Berlin.
> Humorgemüt ins Große.
> Das wär' mein Wunsch: Es anzuziehn
> Wie eine schöne Hose.
>
> Und wär Berlin dann stets um mich
> Auf meinen Wanderwegen.
> Berlin, ich sehne mich in dich.
> Ach komm mir doch entgegen!
>
> *Joachim Ringelnatz*

Teil 2

Der Weltstar

Out of Berlin

Reise in ein neues Leben

Die Frau streicht sich energisch das rotblonde Haar aus dem Gesicht. Fährt mit der Zunge über die schwungvoll nachgezogenen Lippen, spürt darauf das Salz mehr, als daß sie es tatsächlich schmeckt. Ihre schmale Gestalt lehnt an der vorderen Reling, die Hände fest an der weiß lackierten Brüstung. Denn die Dünung hat es in sich, hier draußen auf dem offenen Meer. Sanft, aber ununterbrochen hebt und senkt sie den Ozeanriesen. Wie eine Galionsfigur trotzt die Frau der permanenten Bewegung. Windböen holen die geordneten Haarsträhnen wieder hinter den Ohren hervor, lassen sie wie helle Lichter um ihren Kopf tanzen. Sie bemerkt es kaum. Ihr Blick ist in die Ferne gerichtet, sie lauscht dem Rauschen des Meeres und dem Stampfen der Maschinen. Gleichförmige Geräusche, immer wiederkehrend, einlullend. Sie schließt die Augen, erinnert sich. »Marlene, Marlene!« Was für ein Abend, was für ein Triumph. Ganz Berlin wollte sie sehen, mit ihr feiern. Der stürmische Beifall schien nicht enden zu wollen, das Trampeln der Füße ließ den Saal erzittern. Der Gloria-Palast tobte, als Lola-Lola am Arm ihres Entdeckers die Bühne betrat. Ein Meer von Blumen empfing sie, und dahinter das Publikum, ihr Publikum. Endlich hatte sie es geschafft. Wie viele Jahre hatte sie von diesem Moment geträumt, sich danach gesehnt. Und wie hart hatte sie dafür gearbeitet! Ehrlich gearbeitet, mit eiserner Disziplin, auf der Suche nach dem richtigen Ton, dem besten Licht und dem effektvollsten Auftritt. Und nun sollte sie die Früchte ihrer Arbeit ernten. Über Nacht war sie ein Star geworden, hatte am frühen Abend des 1. April als vielversprechende und ein wenig skandalumwitterte Schauspielerin Marlene am Arm ihres Mannes das Gloria betreten – und es spät in der Nacht als »die Dietrich« wieder verlassen. Und die Massen lagen ihr, nicht Emil Jannings, zu Füßen. Berlin, ihr Berlin, gehörte an diesem Abend ihr ganz allein. Blitzlichtgewitter, aufgeregte Journalisten, neidische Kollegen um sie herum – eine Sensation mit langen Beinen. Schnell, schnell, das Schiff wartet nicht. Eine letzte Umarmung für Rudi, ein rascher Kuß für die Tochter, das Ticket verlegt und keine Zeit mehr für ausführlichen Abschied. Der Nachtzug, Stille. Dabei hätte sie das Bad in der Menge so gern noch länger genossen.

Schon früh am nächsten Morgen war Marlene von Bremerhaven aus in See gestochen. Hatte sich auf eine ruhige Überfahrt gefreut, um sich von den Strapazen der letzten Wochen zu erholen. »Was nun folgte, war eine Zeit des süßen Nichtstuns. Nach so vielen Monaten unermüdlicher Arbeit und Anspannung erschien mir das zunächst kaum vorstellbar. ... Nichts als Wasser und frische Salzluft, herrliche kleine Spaziergänge auf dem Deck der ›Bremen‹.« Und doch war es schön, eine Berühmtheit zu sein. Immer wieder kamen Telegramme und Anrufe von Rudi, der ihr über die grandiosen Kritiken berichtete, und von Josef von Sternberg, ihrem Entdecker, Regisseur und Geliebten. Der Duft der vielen Rosen in ihrer Kabine ließ die Bilder ihres Erfolges wieder und wieder lebendig werden. Und nun warteten Amerika, Hollywood – und Josef. Nur zwei Filme wollte sie im Land der unbegrenzten Möglichkeiten drehen, von Reichtum und Ruhm im fernen Hollywood kosten und dann wieder zurück nach Hause, ins geliebte Berlin. Hollywood war ihre Zukunft als Filmschauspielerin. Ihre künstlerische Heimat, davon war sie überzeugt, sollte jedoch Berlin bleiben.

Seufzend läßt die junge Frau ihren Blick über den Horizont gleiten. Was sie wohl erwarten wird? Niemand kennt sie in Amerika – muß sie also wieder ganz von vorne beginnen? Es ist kühler geworden, sie fröstelt im Abendwind, macht sich langsam wieder auf den Weg in ihre geräumige Kabine. Bald ist es soweit, die lange Reise hat ein Ende. Auf dem Ozeanriesen ist es unruhiger als sonst. In hektischer Betriebsamkeit werden Koffer gepackt, Adressen ausgetauscht, Telegramme geschickt. Marlene kümmert sich nicht darum, Resi hat bereits alles in ihren zwölf auffälligen Koffern verstaut. Auf

Wunsch von Rudi hatte sie ihre Garderobiere mitgenommen – hätte sie gewußt, was auf sie zukommt! Bereits kurz nach dem Ablegen in Bremerhaven war Resi seekrank geworden. Und bei den unvermeidlichen Folgen, die dieser Zustand mit sich brachte, hatte sie ihr Gebiß verloren – das nun irgendwo auf dem Grund des Hafenbeckens ruhte. Seitdem hatte es die gute Seele verständlicherweise vorgezogen, die Reise unter Deck zu verbringen, außerstande, etwas anderes als die von Marlene zubereiteten Breis und Suppen zu sich zu nehmen.

Marlenes Ankunft in New York war alles andere als triumphal: Ein Abgesandter der Paramount, der sie an Deck abholte, befand ihr graues Kostüm für unpassend – schließlich sei sie als neuer Star der Paramount angekündigt und sollte auch so aussehen. Man erklärte Marlene, sie »hätte das Schiff in einem schwarzen Kleid zu verlassen – und in einem Nerzmantel«. Sie fügte sich, wenn auch zähneknirschend, und ging schließlich morgens um zehn wie eine Diva von Bord. »Natürlich schämte ich mich in diesem Aufzug, aber offensichtlich war es dort so Sitte.«

Kaum hatte sie amerikanischen Boden betreten, überwältigte sie die Sehnsucht nach ihrer Familie: »Amerika! Das erste, was ich in der neuen Welt unternahm, war – nach Berlin zu telephonieren!« In den Gesichtern ihrer neuen Arbeitgeber machte sich Erstaunen breit, das hatte es noch nie gegeben: Ein junger, glamouröser Star hat zwischen Presserummel und Empfängen im eleganten Hotel Ambassador nichts Wichtigeres zu tun, als der Familie hinterherzutelefonieren!

1930 – ein Studio in Hollywood bei den Dreharbeiten zu »Morocco«. »Klappe!« Laut schallte Sternbergs Stimme über das Außengelände des Studios. Es war zum Verzweifeln mit dieser Deutschen. Wütend stapfte Josef von Sternberg davon, atmete tief durch, kam zurück. Sie gab sich alle Mühe, er wußte es doch. Aber ihre Aussprache war eine Katastrophe. »Man wird deinen Namen lernen«, hatte er ihr noch bei der Ankunft in Hollywood versichert – so sicher war er sich da nicht mehr. Wieder und wieder versuchte sie es – und schaffte es dann doch. Marlenes Durchhaltevermögen, ihre unglaubliche Selbstdisziplin am Set beeindruckten Sternberg. Diese Frau wird Filmgeschichte machen, davon war er überzeugt. Auch wenn sie jetzt in ihrer Garderobe in Tränen ausbrach. Leise klopfte er an ihre Tür, blickte zärtlich in ihr verquollenes Gesicht, das plötzlich so weich, so zerbrechlich wirkte. »Löse nie deinen Vertrag, Regel numero uno. Gib niemals auf, Regel numero due. Mit anderen Worten: bleib.« Und Marlene blieb, seine Schülerin, sein Geschöpf.

Es waren seine ausgefeilten Lichtchoreographien, die aus ihr diesen einzigartigen Typ machten, das war ihm hier in Hollywood erst richtig bewußt geworden. Zunächst hatte er sich auf ihr Gesicht konzentriert, es mit Licht und Schatten modelliert. Er hatte ihre Augenbrauen betont, ihre hohen Backenknochen beleuchtet, ihre Lippen geformt und es verstanden, ihre Nase richtig in Szene zu setzen – und er konnte sie dazu bewegen, insgesamt fünfzehn Kilo abzunehmen. Nichts war mehr übrig von den Fehlern der etwas pummeligen jungen Deutschen, die er in »Zwei Krawatten« entdeckt hatte. Ihr Typ war makellos geworden, eine wirkliche Diva. Nicht nur Berlin, auch Hollywood hatte einen neuen Star. Seinen Star. Ich Svengali-Joe, Du Trilby. Was machte es schon, daß sich ganz Hollywood das Maul zerriß über ihr Verhältnis. Welch ein Bild, wie passend. Der dämonische Magier Svengali macht aus einem Mädchen, das ihm in Liebe verfallen ist, mittels Hypnose eine begnadete Sängerin. George du Mauriers Roman »Trilby« hatte seine Fortsetzung gefunden. Teilweise wenigstens. Denn im Roman erlischt Trilbys Stimme, als durch Svengalis Tod die Liebe und damit auch die hypnotischen Kräfte ihre Wirkung verlieren. Daß ausgerechnet diese energische Preußin auf diesem Vergleich bestand – Sternberg wunderte sich immer wieder über die romantischen Marotten seiner Geliebten. Dabei, da war er sich ganz sicher, hatte er ihr eigentlich nichts gegeben, was sie nicht schon hatte. Und trotzdem erzählte sie überall herum, daß er alles für sie wäre, ihr Leben managte. Sternberg fürchtete um seine Ehe, er liebte Marlene, und die Gerüchteküche brodelte heftiger, als gut war.

Bei Marlenes Ankunft in Beverly Hills hatte sie eine prächtige Villa, Berge von Blumen und einen grünen Rolls Royce vorgefunden. Sie durfte wie eine Königin leben – und hatte doch Heimweh. »Es gibt Tage und Nächte, ... da kann man es kaum ertragen, ganz allein zu sein.« Sternberg wußte, wie sehr sein Star insgeheim litt. Die Tochter fehlte ihr besonders.

»Hollywood's Number One Glamour-girl«, wie die amerikanischen Zeitungen sie titulierten, verbrachte die Abende lieber zu Hause, um mit der Tochter in Berlin zu telefonieren, statt das aufregende Leben eines Filmstars in der prickelnden Filmmetropole Hollywood zu führen. Wenn sie nicht gerade telefonierte oder telegrafierte, las sie – praktisch ununterbrochen. Sternberg wunderte sich immer wieder, wie sehr sie an den deutschen Klassikern, an Goethe und Kant hing. Am verblüfftesten war er jedoch über ihre hausfraulichen Ambitionen, die so gar nicht zu ihrem Glamour-Image passen wollten: Permanent buk sie irgendwelche typisch deutschen Kuchen oder kochte Berliner Spezialitäten! Jeder, den sie gern hatte, wurde von ihr bekocht, mit Sauerkraut, Bouletten oder Napfkuchen verwöhnt. »Wenn man bedenkt, wieviel sie angeblich gebacken hat, sie muß irgendwo eine Fabrik gehabt haben«, spottete Irene, die Gattin des Produzenten David O. Selznick, über Marlenes Koch- und Backkünste. Die Schauspielerin konnte es oft kaum erwarten, am Herd zu stehen. Dabei kochte sie gerne für viele andere mit – nicht selten auch in Drehpausen, in denen sie das ganze Team inklusive der Techniker verköstigte. Besonders berühmt waren ihre Kraftbrühen, die jeder ihrer Freunde irgendwann einmal probieren mußte. Sie war felsenfest von der Allheilwirkung dieser Suppen überzeugt – und brachte sie an besonders anstrengenden Tagen sogar in Thermosflaschen mit ins Studio!

In Deutschland hatte man Marlene Dietrich indes nicht vergessen. Eifersüchtig verfolgten die Chefs der Ufa die Erfolge ihres neuen Stars in Übersee, die sie mit »Der blaue Engel« in amerikanischer Synchronisation und »Morocco« an der Seite von Gary Cooper feierte. Mißtrauisch hatte man dabei stets ihren Schöpfer im Blick, Josef von Sternberg, und mokierte sich darüber, daß sich »eine deutsche Frau so sehr dem Willen dieses Juden beugen konnte«. Schon früh beschloß man in Berlin, diese Zusammenarbeit schnellstmöglich zu beenden – in Deutschland wehte nun ein anderer Wind.

Das bemerkte auch Marlene, als sie am 13. Dezember 1930 nach Deutschland zurückkehrte. Sie freute sich auf ihre Familie, ihre Freunde und ihren Ku'damm. Doch wo bis vor wenigen Monaten Eleganz, Erotik und Esprit das Straßenbild beherrscht hatten, war es nun ruhig geworden. Verschwunden waren all die jungen, grell geschminkten Frauen mit ihren frivolen Hüten; vorbei die Zeit der leichten Revuen und frechen Kabaretts; zu Ende das Zeitalter der politischen und gesellschaftlichen Toleranz. In den acht Monaten ihrer Abwesenheit hatte sich Berlin verändert. Straßenkämpfe zwischen rivalisierenden politischen Gruppierungen prägten nun das Stadtbild. Frauen in unscheinbaren Kostümen erledigten hastig ihre Einkäufe, die Zahl der uniformierten Braunhemden, die durch Berlin liefen und Passanten anpöbelten, nahm von Tag zu Tag zu. Die Menschen hatten Angst, Marlene spürte es ganz deutlich.

Auch die Ufa war nicht mehr dieselbe, seit der rechtskonservative Medienmogul Alfred Hugenberg das Ruder übernommen hatte. Die einstmals getrennten Bereiche von Kultur und Politik vermischten sich mehr und mehr, der Film wurde zum Politikum. Marlene war entsetzt, als sie mitbekam, daß es während der Kinovorführungen des Antikriegsfilms »Im Westen nichts Neues« nach dem Roman von Erich Maria Remarque zu massiven Störungen der neuen politischen Wortführer gekommen war. Sogar »Der Blaue Engel« galt plötzlich als »undeutsch« und wurde von den Nationalsozialisten und Rechtskonservativen als gefährlicher und verderblicher Kitsch verdammt.

Marlene selbst wurde nun auch zur Zielscheibe der Kritik. Die deutsche Presse empörte sich darüber, wieviel sie in Hollywood verdiente, während in Deutschland aufgrund der hohen Arbeitslosigkeit Not und Elend herrschten. Nicht einmal die imageträchtigen Presseauftritte im Hotel Adlon, wo sie unter anderem Charlie Chaplin traf, konnten ihren lädierten Ruf wiederherstellen. Dabei war eigentlich alles perfekt organisiert: Wie zufällig saß sie in der Hotelhalle, einen Strauß Rosen auf dem Schoß, als der amerikanische Komiker an ihr vorbeikam. Ihm blieb im Angesicht der versammelten Presse praktisch gar nichts anderes übrig, als sich kurz zu Marlene zu gesellen – obwohl allgemein bekannt war, daß er die Deutsche nicht besonders mochte. Sie hingegen verehrte ihn, fand, daß ihr »deutsches Gemüt und seine englischen Wurzeln ... großartig zusammen« paßten. Das Treffen in Berlin wurde zwar zum herausragenden Presse-Event – die Bindung zum neuen Deutschland konnten solche Auftritte Marlenes jedoch nicht festigen. Enttäuscht und verärgert verließ sie schließlich am 16. April 1931 Deutschland gemeinsam mit ihrer Tochter Maria. »Schon lange vor Abgang des kurzen Schlafwagenzuges ... haben sich eine Reihe Damen und Herren versammelt, die der scheidenden Künstlerin den Abschied von Berlin recht schwer machen wollen«, berichtete das Reichsfilmblatt am 18. April. »Zwischen den Verwandten und Bekannten ... Willi Forst, Rudolf Sieber und die offiziellen Vertreter der Paramount ... Marlene selbst, sichtlich abgespannt und aufgeregt, rennt zwischen Verwandten, Freunden und Bekannten unruhig herum.« So viele Menschen waren gekommen, um ihr Lebwohl zu sagen. Auch ihr Freund Peter Kreuder war mit von der Partie – seine Kapelle sang ein eigens für Marlene komponiertes Abschiedslied. Sie freute sich über diese Aufmerksamkeit, immerhin waren ihre besten Freunde um sie herum. Doch so ganz konnte sie den Trubel nicht genießen, ihr Lächeln war ein wenig traurig, ihr Blick immer wieder leer in die Ferne gerichtet. Eine unbestimmte Ahnung hatte sich ihrer bemächtigt, das Gefühl, Abschied für sehr lange Zeit zu nehmen. Auch die hektischen Journalisten mit ihren aufdringlichen Fragen und permanenten Schnappschüssen konnten ihre bedrückenden Gedanken nicht so recht vertreiben. Als sie mit ihrer Tochter in den Zug stieg, blieb die Wehmut einer langen Trennung und das letzte Bild einer nunmehr grau und braun gewordenen Stadt. Erst drei Jahre später würde sie noch einmal zu einem kurzen Besuch nach Europa zurückkehren – und dann erst wieder nach dem Krieg Deutschland betreten.

Zurück in Hollywood, nahm Marlene ihr Leben zwischen Studio, dem Geliebten und dem heimischen Herd wieder auf. Fast überall erschien sie mit ihrer Tochter, stilisierte sich zum Inbegriff der perfekten Mutter. Man war erstaunt – Mutterrollen gehörten bislang nicht in das Repertoire glamouröser Hollywoodstars. Sie liebte das Leben in Kalifornien, den Luxus, den Erfolg – und vor allem ihre Arbeit. »Die Studios sind etwas Hinreißendes. Die Leichtigkeit, mit der große Dinge getan werden, ist immer wieder bewundernswert. Alles funktioniert wie am Schnürchen, es herrscht Disziplin, wie in einer Armee. Aber trotz dieser Disziplin wird die künstlerische Tätigkeit nicht zur Routine.« Ihr Erfolg war nach wie vor fest mit Josef von Sternberg verknüpft. Insgesamt sieben Filme mit Marlene Dietrich als Hauptdarstellerin entstanden in den dreißiger Jahren: Die »neue Garbo« beherrschte die Kinolandschaft von »Dishonored« über »Shanghai Express« und »Blonde Venus« bis hin zu »The Scarlet Empress« und »The Devil is a Woman«. Sie war nun auch in Amerika ein Top-Star, galt als bestverdienende Frau des Landes und konnte sich alles leisten, was ihr Herz begehrte.

Und dennoch: Über all dem Luxus verlor sie nicht den Blick für die Realität, sah den Kontrast zwischen arm und reich, zwischen ganz oben und ganz unten: »Auf der einen Straßenseite ... die Gäste kommen in prunkvollen Wagen, ... zeigen die kostbarsten Toiletten und teuersten Juwelen. Auf der gegenüberliegenden Straßenseite ... beugt sich ein alter Mann über einen Gaskocher, um sich sein Teewasser zu wärmen. Luxus und Armut, Übermut und Verzweiflung – ich weiß, daß sie überall zu finden sind, in jedem Lande, in jeder Stadt, und ich weiß, daß das Elend in der Welt sehr groß ist.« Marlene begann, sich für Politik zu interessieren – zumal sich aus ihrer deutschen Heimat die Berichte von der Willkür der Nazis häuften. »I never talk politics«, behauptete sie zwar auf die Frage einer Journalistin, was sie von den Nazis halte – ihre Taten sprachen jedoch eine andere Sprache. Auch sie war für die neuen deutschen Machthaber nun zum »Saboteur« geworden, gehörte plötzlich zu den im Ausland tätigen Schauspielern, die der deutschen Kultur Schaden zufügten. Dabei war Marlene davon überzeugt, daß nur ein einziger Mensch den Untergang der deutschen Kultur hervorrufen konnte: Adolf Hitler.

1933, irgendwo auf dem Atlantik zwischen New York und der englischen Küste: Die Stimmung auf dem deutschen Passagierschiff »Europa« war prächtig, schließlich war der größte Filmstar aller Zeiten mit an Bord – Marlene befand sich auf Europareise. Man flirtete, tratschte und amüsierte sich, der Champagner floß in Strömen. Sie war gesellig, diese deutsche Diva, das wußte auch der Kapitän zu schätzen. Jeden Abend saß der Star mit der markanten Stimme an seinem Tisch, allen Traditionen zum Trotz. Eines Abends erging plötzlich die strenge Aufforderung an die Gäste, sich zu erheben. Ein Prosit? Ein Geburtstag? Marlene war irritiert, blickte sich hilfesuchend um. Der Kapitän erklärte: Unser Führer spricht, hält eine Rede im Radio. Marlene erhob sich als letzte, langsam, zögernd. Eine keifende Stimme ohne Volumen drang aus dem Radio. Aufgeregt, hektisch, sich immer wieder überschlagend. Von Deutschland war die Rede, dem deutschen Volk, der deutschen Rasse. Marlene fröstelte. »Kampf«, »unser Vaterland«, »Arbeit« oder »deutsche Mütter« – wie durch dichten Nebel drangen die Worte zu ihr. Zum ersten Mal hörte sie Hitler bewußt reden, sah in Gedanken die Fahne mit dem Hakenkreuz im Wind flattern. Ein unerklärliches Gefühl der Furcht kroch in ihr hoch. Schnell verabschiedete sie sich von ihren Tischnachbarn, zog sich zurück. Marlene dachte an ihre Familie in Berlin, ob ihre Mutter darunter leiden mußte, daß die berühmte Tochter der Heimat den Rücken zugekehrt hatte?

Immer mehr Künstler und linke Intellektuelle flüchteten mittlerweile aus Deutschland in die USA. Dort wurden zahlreiche Hilfskomitees gegründet, die Marlene bald zu unterstützen begann. Bereits 1933 hatten Ernst Lubitsch, Charlotte Dieterle und der Filmagent Paul Kohner ein Komitee gegründet, das Rettungsaktionen für politisch Gefährdete und Verfolgte unterstützte: den »European Film Fund«. Ab 1939 setzten sich diese Organisationen insbesondere auch für Schriftsteller ein, die in Frankreich festsaßen, und verschafften ihnen mit Hilfe von Bürgschaften Visa für die USA, die sogenannten Affidavits, ohne die kein Emigrant eine Aufenthaltserlaubnis in den Staaten bekam. Marlene spendete Geld und stellte Bürgschaften aus, für ihr völlig Fremde wie für alte Freunde und Bekannte aus der Berliner Heimat. Sie war froh, auf diese Weise etwas tun zu können.

Einer von ihnen war Carl Zuckmayer. 1939 wartete er mit seiner Frau und seiner Tochter Winnetou in Havanna auf seine Ausreise nach Amerika. So viele Persönlichkeiten hatten sich bereits für ihn und seine Familie eingesetzt: Albert Einstein, Thornton Wilder, Ernest Hemingway und Thomas Mann. Doch ein Empfehlungsschreiben war ihm besonders hilfreich:

»Allow me to draw your attention to the fact that during my studies at the Rheinhardt School in Berlin, Mr. Zuckmeyer [sic] famous German Playwright was one of the greatest influences to me, through his lectures, on drama, and literature. May I add that I owe him deep respect and admiration for all he did for my developments, in the most impressive years of my life. Marlene Dietrich«

Carl Zuckmayer durfte einreisen.

Auch Fahrkarten bezahlte sie für Emigranten aus Europa für die Überfahrt ins freie Amerika, so für Rudolf Forster, den früheren Geliebten. Marlene wußte, was dabei auf sie zukam: »Am schwierigsten waren die Theaterleute. Sie waren noch ganz durchdrungen von ihrer früheren Bedeutung.« Rudolf, der in den USA weniger Erfolg hatte als erhofft, hielt es nicht aus in Hollywood. »Ich fahre wieder, um mich Adolf anzuschließen«, hinterließ er Marlene lakonisch.

Was es bedeutete, auch nur einen kleinen Schritt auf die Nationalsozialisten zuzumachen, hatte sie möglicherweise bei ihrem Europabesuch in den Jahren 1933/34 selbst erfahren. Als sie im Frühjahr 1934 kurz nach Berlin kam – vielleicht, um sich über das Wohlergehen ihrer Familie zu vergewissern –, bemühte sie sich nach Kräften, ihren schlechten Ruf in Deutschland aufzubessern. So spendete sie »eine beträchtliche Summe« für den Wohlfahrtsfonds der Reichsfilmkammer, wie deren Präsident Carl Ousen am 14. März 1934 offiziell verkündete. Einige Biographen interpretieren diese Spende als Gegenleistung für das Ausreisevisum ihres Mannes Rudi Sieber und als Vorsichtsmaßnahme, damit ihre Reisepapiere nicht plötzlich für ungültig erklärt würden. Zu laut waren in Deutschland bereits die Stimmen geworden, die Marlene als »Dirne« beschimpften. Andere Darstellungen werten die Spende als Falschmeldung, mit der man den Star auch in Amerika in Mißkredit zu bringen versuchte. In der Tat hatte Marlene wieder einmal Hilfe geleistet – allerdings für ein unpolitisches Winterhilfswerk für bedürftige Kinder und nicht für die Filmkammer.

Marlene baute in Amerika im Laufe der dreißiger Jahre ihre Hilfstätigkeiten aus. Besonders gern arbeitete sie mit den Regisseuren Ernst Lubitsch und vor allem Billy Wilder im »Hollywood-Komitee« zusammen. Marlene wußte, Wilder tat mehr als alle anderen für die Flüchtlinge, und gerade das schätzte sie ganz besonders an ihm, fast mehr noch als seine filmischen Leistungen. Er spendete großzügig Geld und Zeit – und brachte vor allem sein Organisationstalent ein. Er fand Jobs für Drehbuchautoren und Schauspieler und war »der freundlichste, süßeste Mann«, den sie je gekannt hatte. Außerdem sammelte Marlene Geld für einen Fluchthelfer namens »Engel« in der Schweiz. Sie hatte »besagten Engel nie kennengelernt, aber er muß ein wunderbarer Mann gewesen sein. Er übernahm diesen Dienst an der Menschheit, ohne Rücksicht auf die Gefahren, mit denen das Unterfangen verbunden war.« Ein Unterfangen, das in der Frühzeit der Konzentrationslager nicht vollkommen unmöglich war – und Hunderten von Menschen, die, teilweise als Nonnen und Mönche getarnt, über die Grenze geschmuggelt wurden, das

Leben rettete. Die Aufgabe der heimlichen Fluchthelfer in Übersee bestand darin, ihnen Englisch beizubringen und dann eine Arbeit für sie zu finden. Lubitsch und Wilder versuchten, diesen Männern und Frauen in Amerika eine neue Chance zu bieten, und oft hatten sie Erfolg. Der »Blaue Engel« half dem Schweizer Engel – oder wie es Billy Wilder humorvoll auf den Punkt brachte: »Marlene Dietrich, das war eine Mutter Teresa, aber mit schöneren Beinen.«

Auch für die »American Guild for German Cultural Freedom«, eine Vereinigung, die 1935 von Hubertus Prinz zu Löwenstein gegründet worden war und vor allem Schriftstellern, die Deutschland verlassen mußten, zur Seite stand, soll sich Marlene, ohne Aufhebens darum zu machen, finanziell engagiert haben. Über ihre spontanen und regelmäßigen Hilfeleistungen für Emigranten und Verfolgte verlor sie gewöhnlich kein Wort. Marlene half aus Anstand, aus Liebe zu Amerika – und aus Liebe zu Deutschland, ihrem Deutschland, nicht dem der Nazis. Varian Fry, der Leiter des »Emergency Rescue Committee«, das ab 1940 die Aktionen vieler Hilfsorganisationen bündelte und koordinierte, bewunderte Marlene für ihren selbstlosen Einsatz. Er betonte stets, daß sie unzähligen Menschen aufopferungsvoll geholfen hat und viele auch noch nach dem Krieg finanziell unterstützte. Marlene in den dreißiger Jahren: »Out of Berlin«, blieb sie im Herzen Berlinerin.

Versuchungen

Marlene und die Angebote der Nazis

Marlene Dietrich als Star der Ufa – die Vorstellung war verführerisch. Die deutsche Filmindustrie zeigt Weltniveau! Die Nationalsozialisten hatten früh erkannt, welches Kapital in dieser Frau steckte. In den Jahren 1937/38 intensivierten sie ihre Bemühungen, Marlene zurück in die Heimat zu locken. Marlenes Tochter Maria, damals zwölf Jahre alt, erinnert sich an diese Bemühungen und schildert vor allem eine Szene detailliert, die sich im Juni 1938 im Pariser Hotel Lancaster – wahrscheinlicher jedoch im Londoner Claridge, denn Marlene pendelte damals häufig zwischen der französischen und britischen Hauptstadt – abgespielt haben soll und wohl das Ende der nationalsozialistischen Lockrufe markierte.

Marlene befand sich gemeinsam mit ihrer Tochter Maria und ihrem damaligen Geliebten, dem Schriftsteller Erich Maria Remarque, den sie im Sommer 1937 in Venedig kennengelernt hatte, in ihrem Hotelzimmer, genervt reagierte sie auf die Beschwörungen der Rezeption, doch endlich einem besonders wichtigen Besucher Einlaß zu gewähren. Marlene wollte nicht nachgeben. Es interessierte sie auch nicht, daß der in der Hotelhalle Wartende sich als Vertreter des Deutschen Reiches ankündigen ließ. Zornig knallte sie den Hörer auf die Gabel, blickte mit funkelnden Augen zwischen Maria und Remarque hin und her. Was sollte sie tun? In dieser Stimmung war Marlene unberechenbar. Der Geliebte hüllte sich in Schweigen, er wollte keinen Streit. Die Tochter aber riet der aufgebrachten Mutter, den Besucher zu empfangen, um den Nachmittag doch noch zu retten. Also gut, sie würde es kurz machen und bat die Tochter, nach draußen zu gehen. Remarque verschwand im angrenzenden Badezimmer.

Während der Gast zu Marlene hineinging, postierten sich seine uniformierten Begleiter im Vorzimmer der Suite. »Sie sahen sehr seltsam aus, so ganz in Schwarz vor dem weiß-goldenen Dekor unseres Vorzimmers«, erinnert sich Marlenes Tochter Maria. Dann ging die Tür wieder auf: »... zackiges Hackenknallen, ein Handkuß wurde elegant auf die ausgestreckte Hand meiner Mutter gehaucht, ein knappes ›Heil Hitler!‹ zum Abschied, und dann schritt ein hochgewachsener Deutscher aus unserer Suite, gefolgt von seinen Schergen.«

Marlenes Tochter ist sich in ihren Erinnerungen sicher, daß Joachim von Ribbentrop, der spätere Reichsaußenminister und damalige deutsche Botschafter in Großbritannien, der unerwünschte Besucher war. Andere Biographen vermuten sogar, daß es Reichspropagandaminister Dr. Joseph Goebbels höchstpersönlich oder aber der Stellvertreter des Führers, Rudolf Heß, gewesen sein könnte. Wer auch immer Marlene Dietrich an diesem Tag aufsuchte, das Anliegen war jedenfalls eindeutig, Marlene sollte die »Königin des deutschen Films« werden: »Der Führer persönlich möchte, daß Sie nach Hause kommen.« Marlenes Antwort hingegen fiel nicht weniger eindeutig aus: »Niemals!«

Es wird einiges gewesen sein, was ihr im Angesicht dieses ungebetenen Gastes durch den Kopf gegangen ist: Bilder von Berlin, Erinnerungen an die vielen Theater, ihre Mutter. Die Wehmut des letzten Abschieds, die düsteren Vorahnungen auf dem Lehrter Bahnhof. Konnte sie ihrer Mutter, all ihren Freunden und Verwandten, konnte sie ihnen das antun? Aber ein Pakt mit diesem teuflischen Hitler?! Nein. Niemals!

Remarque gegenüber, dem im Bad versteckten Geliebten, für den die Situation äußerst seltsam war, machte sich Marlene später lustig über die Offerte der Nazis: »Hitler ... schickt mir doch bloß deshalb seine ›hohen Offiziere‹ auf den Hals, die mich zur Rückkehr bewegen sollen, weil er mich in in ›Der blaue Engel‹ gesehen hat und mir an die Spitzenhöschen will.«

Erich Maria Remarque war einigermaßen erstaunt über das Angebot der deutschen Filmmogule – immerhin war seine Liaison mit dem Star in aller Munde und Marlenes finanzielles Engagement für Emigranten aus dem Nazireich bekannt. Auch er hatte bereits davon profitiert, nachdem als er als »persona non grata« 1933 Deutschland verlassen mußte. Sein

Antikriegsroman »Im Westen nichts Neues« war in Deutschland ein – allerdings unerwünschter – Bestseller geworden. Auch in Europa verkaufte er sich glänzend – und sicherte ihn finanziell zunächst ab. So reiste er Mitte der dreißiger Jahre durch europäische Vergnügungsorte, erfreute sich an schnellen Autos, luxuriösen Hotels und schönen Frauen, bis er 1937 Marlene kennenlernte – und eine große Liebe begann.

Marlene hatte damals in einem der vielen Strandrestaurants gesessen. Remarque kam an den Tisch der Schauspielerin und stellte sich vor. Sie kannte seine Romane, schätzte sein schriftstellerisches Werk und wäre, als er leibhaftig vor ihr stand, »beinahe ohnmächtig geworden«. Ihre Ehrfurcht hielt nicht allzu lange an und hatte sich bereits am nächsten Morgen in Jagdfieber verwandelt. Mit ihrem geliebten Rilke-Band unter dem Arm zog sie an den Strand – und vor allem die Aufmerksamkeit Remarques auf sich: »Ich sehe, Sie lesen gute Autoren.« Er hatte angebissen: »Natürlich, alle Filmstars lesen Gedichte…« Souverän überhörte Marlene Remarques unverhohlenen Sarkasmus und begann, ihre Lieblingsgedichte vorzutragen. Remarque war beeindruckt – und sollte es über das Ende der Beziehung 1940 hinaus bis zu seinem Tod bleiben. In den Jahren ihrer Liebe ließen sich Marlene und Remarque jedenfalls nicht aus den Augen, lebten zeitweise in Paris zusammen und halfen sich, wann immer sie konnten. Während des Krieges gehörte Remarque außerdem zu den ersten Emigranten, die Marlene in den USA unter ihre Fittiche nahm.

Dem Auftritt des Abgesandten der Nazi-Regierung im Hotel waren eine Reihe anderer Versuche vorausgegangen, Marlene »heim ins Reich« zu holen. Sie waren Teil einer Kampagne, die sich »Arisierung der deutschen Filmkultur« nannte und schon kurz nach der Machtübernahme durch die Nationalsozialisten begonnen hatte. Filmschaffende jüdischer Abstammung bekamen seit 1933 keine Arbeit mehr in den Studios, und politisch Andersdenkenden erging es nicht besser. Die bekennenden Filmliebhaber Hitler und Goebbels ließen keinen Zweifel daran, daß das deutsche Filmwesen von besonderer Bedeutung für die »Bewegung« war. Doch nicht alle

Schauspieler und Filmemacher zogen in Goebbels' Sinne mit. Heinz Hilpert, der Intendant der Berliner Volksbühne und des Deutschen Theaters, ließ sich zumindest künstlerisch nicht so leicht linientreu trimmen, sein Vorgänger Max Reinhardt war eine der zentralen Gestalten des geistigen Widerstandes, Emil Jannings machte ebenfalls Schwierigkeiten. Doch es gab auch andere, die den Verlockungen der neuen Machthaber und ihrer Vision von einer »arischen Filmkunst« nicht vollends widerstehen konnten: Leni Riefenstahl, Rudolf Forster, Heinrich George oder Marlenes alte Freundin aus Berliner Tagen, Marianne Hoppe, die nun an der Seite von Gustaf Gründgens große Erfolge feierte. Marlene wäre die Krönung.

Nur drei Wochen nach Hitlers Machtergreifung hatte ihr Ernst Hugo Corell, Leiter der Ufa-Produktion und gleichzeitig Vorstandsmitglied dieses Unternehmens, ein Telegramm nach Santa Monica geschickt:

»Liebe Marlene. Wir haben ein ausgezeichnetes Manuskript von Zuckmayer, das eine wunderbare, nur von Ihnen darzustellende Rolle enthält. Der Film würde im April gedreht werden. Bitte Sie, mir postwendend zu kabeln, ob Sie frei sind und ob Sie den Stoff bei uns im April spielen wollen. Für Sie würde kein besserer Europastart denkbar sein. Herzliche Grüße Corell Ufa.«

Natürlich wußten die Ufa-Oberen, wie sehr Marlene Dietrich und Carl Zuckmayer einander seit dem Erfolg des »Blauen Engel« verehrten. Doch nicht Marlene kam, sondern Zuckmayer emigrierte – und der Film wurde nie gedreht. Ein weiterer Versuch von Tobis Filmkunst und wiederum der Ufa scheiterte ebenfalls. Nur zwei Monate nach dem Zuckmayer-Angebot war man an Rudolf Sieber, der zu diesem Zeitpunkt noch in Berlin lebte, herangetreten und hatte ihm die Leitung der Ufa und der Studios in Babelsberg angeboten. Da Rudi Sieber damals keinesfalls zu den Größen im Filmgeschäft zählte, war Marlene sofort klar, daß es eigentlich um sie ging. Aber ihr Mann reagierte geistesgegenwärtig: »Am selben Nachmittag suchte er seine Bank auf und hob alles Geld von seinen Konten ab.« Dann packte er einige Dinge ein, setzte sich ins Auto und »fuhr zur deutsch-französischen Grenze und nach Frankreich hinein, in Richtung Paris, der Stadt, die er kannte und liebte«. Marlene war »sehr froh über seine Entscheidung und glücklich, daß es ihm gut ging«.

Selbst in den USA, wo sie sich vor den Nachstellungen der Nazis sicher glaubte, sollen sich Agenten und Boten eingefunden haben, um sie zur Rückkehr zu bewegen. Einer von ihnen war Karl Vollmoeller, Co-Autor des »Blauen Engel« und ein alter Bekannter aus Berliner Jahren. Er kam eines Abends bei ihr vorbei, um ihr mitzuteilen, daß der Führer ein großer Bewunderer ihrer Kunst sei. Jeden Abend schaue er sich in Berchtesgaden Filme von ihr an und denke dabei ständig an sie. Vollmoeller beschwor Marlene deshalb im Namen des Führers, nach Deutschland zurückzukommen.

Ob sich die Geschichte tatsächlich so zugetragen hat, bleibt offen. Marlene erzählte sie jedenfalls jahrelang auf Empfängen und Galas und hatte damit immer die Lacher auf ihrer Seite. Der Weltkriegsgefreite mit dem lächerlichen Schnauzbart und die Grande Dame – was für eine Vorstellung!

Obwohl Marlene Pressevertretern gegenüber beteuerte, »daß sie nicht daran denke, jemals wieder nach Deutschland zurückzukehren«, gaben die neuen Machthaber nicht auf. Horst Alexander van der Heyde war einer ihrer Abgesandten. Der Bevollmächtigte der Syndikat-Film-GmbH reiste zur Weihnachtszeit 1936 nach London, um Marlene, die zu jener Zeit heftigen Presseangriffen von deutscher Seite ausgesetzt war, ein Schreiben des Reichsfilmdramaturgen Nierentz zu überreichen, in dem Reichsminister Dr. Goebbels mitteilen läßt, »daß fernerhin Veröffentlichungen der deutschen Presse, die dem Ansehen Frau Dietrichs abträglich sind, nicht mehr erscheinen werden«. Ein Versöhnungsköder, um Marlene milde zu stimmen. Doch die empfing van der Heyde nicht.

1937, als die Bemühungen der Nazis um Marlene kulminierten, hatte sie Sorgen, das wußte man in den gut unterrichteten Kreisen der Nazis. Denn nach den phänomenalen Anfangserfolgen begann der Stern Marlene Dietrichs an Hollywoods Prominentenhimmel zu verblassen. Die Presse hatte verlauten lassen, der einstmals gefeierte Star aus Deutschland sei wie die Kolleginnen Joan Crawford, Greta Garbo, Mae West und Katharine Hepburn »Box-office poison« – »Kassengift«. Das Publikum, so meinte man, habe sich an diesen Stars satt gesehen. Ein Artikel mit Folgen, denn auf der Starliste 1937 fand sich Marlene Dietrich prompt ziemlich weit hinten, auf Platz 126, wieder. Goebbels witterte Morgenluft.

Paris – wahrscheinlich Herbst 1937. In der deutschen Botschaft erwartet man prominenten Besuch: Die Dietrich hat sich angesagt. Natürlich hat es sich längst herumgesprochen, daß sie im März die amerikanische Staatsbürgerschaft beantragt hat. Marlene ist sich klar darüber, als sie sich »in die Höhle des Löwen, in diesem Fall des Grafen von Welczek, Botschafter von Hitler-Deutschland in Frankreich, stürzt. Aber sie hat keine Wahl: Denn um endlich als Amerikanerin offiziell anerkannt zu werden und wieder zurück in die USA reisen zu können, müssen ihre Papiere in Ordnung sein, und ihr deutscher Paß ist abgelaufen. Ihr ist nicht wohl dabei – und doch weist sie das Angebot ihres Mannes zurück, sie zu begleiten. Sie »fürchtete sein aufbrausendes Temperament, mußte diplomatisch vorgehen«, durfte sich von ihren »Gefühlen nicht hinreißen lassen«. Man würde noch einmal versuchen, sie für die deutsche Sache zu gewinnen, Marlene ist sich ganz sicher. Der neue, anbiedernde Ton, der ihr gegenüber in der Presse angeschlagen wird, ist ein deutliches Indiz dafür. Keine Frage: Der Propagandaminister zieht wieder einmal alle Fäden.

In der Botschaft wartet eine von Goebbels arrangierte Überraschung auf Marlene. Der Botschafter von Welczek höchstpersönlich empfängt sie, begleitet von vier hochrangigen Diplomaten, die seinem Anliegen Nachdruck verleihen sollen. Alle sind bestens informiert über Marlenes amerikanische Ambitionen, sie haben eine Kopie des Staatsbürgerschaftsantrags. Das allein reicht – zumindest nach den Maßstäben der Nationalsozialisten – schon aus, um Marlene Dietrich »undeutsches Verhalten« vorzuwerfen. Vielleicht kann man der Diva ja einen Deal vorschlagen. Zumal selbst die US-Medien über Marlenes Absicht nicht nur mit Sympathie berichteten. Die Presse des Zeitungszaren William Randolph Hearst steht den Entwicklungen in Nazi-Deutschland neutral bis wohlwollend gegenüber und kommentiert Marlenes Antrag auf Erteilung der amerikanischen Staatsbürgerschaft mit der gehässigen Schlagzeile: »Desertiert aus dem eigenen Vaterland.«

Herr von Welczek begrüßt Marlene formvollendet. Natürlich werde man den Paß verlängern, gibt er mit einem gönnerhaften Lächeln zu verstehen, das die Schauspielerin beunruhigt – unter der Bedingung, daß sie nach Deutschland zurückkehrt. Marlene erstarrt. Man will sie erpressen, damit hat sie nicht gerechnet. Wie soll sie sich verhalten? Direkt auf Konfrontation gehen – oder lieber Kooperationsbereitschaft signalisieren? Der Botschafter redet weiter, seine Stimme hat nun etwas Beschwörendes: Sie könnte eine führende Rolle in der deutschen Filmindustrie einnehmen. Von Welczek verspricht ihr »einen triumphalen Einzug in Berlin durch das Brandenburger Tor« und weist sie darauf hin, daß der Führer persönlich ihr das alles ermögliche. Ein verlockendes Angebot: Marlene – stürmisch gefeiert von ganz Berlin. Marlene-Marlene-Rufe. Die Menge tobt, jubelt ihr zu, wirft Blumen. Doch würde dies die Stadt sein, die sie kennt? Man würde sie zur Galionsfigur degradieren. Es gibt einen Vertrag mit Josef von Sternberg, sie bleibt kühl. Denn ihr ist klar, hier weiß keiner, daß Sternberg und sie sich längst getrennt haben und künstlerisch eigene Wege gehen. Ein Jude wie Sternberg, da ist Marlene sich ganz sicher, würde niemals von den Nazis akzeptiert werden. Sie blufft: »Falls Sie Herrn von Sternberg auffordern würden, einen Film in Deutschland zu drehen, wäre ich sicherlich bereit, in Deutschland zu arbeiten.« Da der Botschafter nicht antwortet, setzt sie nach: »Darf ich Ihr Schweigen so interpretieren, daß Herr von Sternberg in Ihrem Lande keinen Film drehen kann, weil er Jude ist?« Das ist zuviel für die deutschen Herren, nun sprechen alle gleichzeitig. Man bezichtigt Marlene, ein Opfer der jüdischen Propaganda in Hollywood zu sein, wo gäbe es denn in Deutsch-

land Antisemitismus? Marlene traut ihren Ohren kaum, überlegt kurz, läßt es dann darauf ankommen: »Nun, das ist ja
wunderbar. Ich werde darauf warten, bis Sie mit Herrn von
Sternberg die nötigen Abmachungen getroffen haben. Und
außerdem würde ich mir wünschen, daß die deutsche Presse
ihren Ton ändert, was mich und Herrn von Sternberg betrifft.« Der Botschafter glaubt sich am Ziel: »Ein Wort des
Führers, und alles wird wunschgemäß erfüllt werden, sobald
Sie zurückkommen.«

Am nächsten Tag wird ihr jedenfalls ordnungsgemäß der
verlängerte Paß zugestellt. Selbst Reichspropagandaminister
Goebbels hatte sich ins Bockshorn jagen lassen. Am 7. November findet sich folgender Eintrag in seinem Tagebuch:
»Marlene Dietrich hat in Paris in unserer Botschaft eine for-
melle Erklärung gegen ihre Verleumder abgegeben mit der
Betonung, daß sie Deutsche sei und bleiben wolle. Sie soll
auch bei Hilpert im Deutschen Theater auftreten. Ich werde
sie nun in Schutz nehmen.«

Obwohl Marlene nie ernsthaft vorhatte, nach Nazideutschland zurückzukehren, hofften die NS-Kulturfunktionäre
noch bis 1939, sie umstimmen zu können. Schon wenige Tage
nach der Unterredung in der Deutschen Botschaft schickte
deshalb Goebbels den Leiter des Deutschen Theaters, Heinz
Hilpert, nach Paris, um weitere Gespräche mit dem Filmstar
aus Hollywood zu führen. Goebbels hatte Grund zu glauben,
daß Hilpert seine Sache gut machen würde. Immerhin war es
Hilpert gewesen, der zu Goebbels' Geburtstag 1937 im Namen des Deutschen Theaters eine öffentliche Grußadresse
verfaßt hatte, in der er Goebbels' »Begeisterungsfähigkeit«
lobte. »Feine, menschliche und männliche Eigenschaften«
seien ihm eigen, und er habe »einen seltenen Sinn für alle Hu-
more der Kunst und alles Lebens«, außerdem könne er »auch
ebenso gut und mit Humor die offene Meinung« anderer ertragen. Und in der Tat: Am 12. November notierte Goebbels
akribisch in sein Tagebuch: »Hilpert war in Paris, Marlene
Dietrich kann erst in einem Jahr in Deutschland auftreten.

Aber sie steht fest zu Deutschland.« Und noch einige Tage später vertraute Goebbels gar seinem Tagebuch an: »Marlene Dietrich hat alle gegen sie vorgebrachten Anschuldigungen gegen sie entkräftet. Ich lasse sie rehabilieren [sic].«

Doch Marlenes Haltung war eindeutig. Zwar war ihr Heimweh nach Berlin ein offenes Geheimnis – doch was hätte es für sie gebracht, wenn sie die Angebote der Nazis angenommen hätte? Natürlich hätte sie viel Geld verdient. Eine Million Reichsmark jährlich hatte damals die Kaufkraft von etwa 15 Millionen Mark heute. Aber der Preis dafür, Aushängeschild der Nazis zu sein, war zu hoch. Sie wußte genug von den Repressalien und Greueltaten der deutschen Machthaber.

Die offizielle Vereidigung als amerikanische Staatsbürgerin am 9. Juni 1939 beendete endlich den Spuk um die Heimholung der verlorenen Tochter. Damit war für die deutsche Regierung der Fall Marlene Dietrich, von dem man sich eine enorme Propagandawirkung erhofft hatte, endgültig abgeschlossen. Goebbels gab nun der deutschen Presse freie Hand, Marlene zu verunglimpfen. So versah etwa Julius Streichers berüchtigtes Hetzblatt »Der Stürmer« das Bild, das die Dietrich bei der Vereidigung zeigte, mit der Unterschrift: »Die aus Deutschland stammende Filmschauspielerin Marlene Dietrich hat so viele Jahre bei den Kino-Juden von Hollywood verbracht, daß sie nun auch amerikanische Staatsbürgerin geworden ist.«

All diese Offerten, dieses Auf und Ab in der Sympathie der deutschen Propaganda und Marlenes eigener Kampf um politischen Anstand gingen nicht spurlos an ihr vorüber. Dennoch hatte Marlene stets einen klaren politischen Standpunkt: Sie verabscheute das totalitäre System der Nazis und fand Adolf Hitler abstoßend, obwohl sie sich laut Billy Wilder durchaus zugetraut hätte, ihn umzustimmen: »Vielleicht hätte ich den Vorschlag annehmen sollen. Vielleicht wäre die Geschichte dann anders verlaufen ... Vielleicht hätte ich es ihm ausreden können! Man sollte niemals die Überzeugungskraft einer Frau unterschätzen – vor allem im Bett.«

Kassandrarufe
Die Familie bleibt in Berlin

Schon Mitte der dreißiger Jahre waren viele deutsche Schauspieler nach Hollywood und Paris geflüchtet. Die Berichte der meist jüdischen Deutschen über nächtliche Abholungen, Mißhandlungen und Konzentrationslager – viele hatten selbst die Folgen der rassistischen Nazi-Justiz erleben müssen – waren teilweise so entsetzlich, daß sich auch Marlene angesichts eines solch gewalttätigen Regimes Sorgen um ihre Familie machte. Sie hatte bereits zu spüren bekommen, wie die deutsche Propaganda mit Künstlern umging, die sich für die neue Ideologie nicht bedingungslos einspannen lassen wollten. Immer wieder wurde sie von Flüchtlingen und Emigranten angesprochen, hörte sie von den Entwicklungen in der Heimat. Und sie kümmerte sich um ihre alten deutschen Freunde und Bekannten, denn Flüchtlinge hatten ihre »tiefste Sympathie«, wie sie selbst sagte. Sie verstand ihre Situation aus eigener Erfahrung und empfand es als »eine schmerzvolle Tragödie, sein Vaterland zwangsweise oder freiwillig zu verlieren«. Nach allem, was Marlene über das Regime der Nazis wußte, wurde es für sie immer schwieriger, sich ein Leben in Deutschland vorzustellen. Ihren Mann Rudi mußte sie nicht überzeugen. Er sah die politischen Gefahren ebenso klar wie sie selbst und war bereits 1933, nur wenige Monate nach der Machtergreifung der Nazis, nach Paris emigriert. Von dort aus folgte er ihr 1938 in die USA. Doch bei Marlenes Mutter und ihrer Schwester war die Sache komplizierter.

Josephine von Losch betrachtete die Nazis zwar mit Unbehagen, sprach sich jedoch nie offen gegen sie aus. Wie viele andere war auch sie sicherlich empfänglich für das Adrette, Saubere und Geordnete, das die Organisationen der neuen Machthaber repräsentierten. Die vielen Uniformen, die ähnlich wie im Kaiserreich plötzlich wieder Konjunktur hatten, waren der früheren Offiziersgattin nichts grundsätzlich Abstoßendes. Zwar war er ihr ein wenig laut, dieser Hitler, benahm sich nicht besonders fein und hatte etwas von einer aufgezogenen Puppe, aber man mußte sich ja nicht mit ihm abgeben, konnte weiterleben wie bisher auch, sogar besser. Denn die Geschäfte florierten Ende der dreißiger Jahre, Arbeitslosigkeit und Depression schienen überwunden. Und sogar das Ausland bekannte sich zum neuen Deutschland: Hatte man nicht im Olympiajahr 1936 in Berlin weltweite Einigkeit demonstriert? Marlenes Schwester Elisabeth hatte mit Politik ohnehin wenig im Sinn. Ihr Mann leitete einige Kinos in Berlin, der Familie ging es gut – warum also alles in Frage stellen oder etwas verändern wollen?

Marlenes Versuche, ihre Familie per Telefon und Telegramm zu warnen, blieben erfolglos. Man wiegelte ab, übersah, daß die Praxis des jüdischen Arztes von gegenüber plötzlich geschlossen war oder der Schneider um die Ecke verschwunden, sie hätten nichts damit zu tun. Marlene erkannte bald, daß sie auf diesem Weg nichts erreichen würde. Sie mußte Mutter und Schwester sehen, mit ihnen sprechen, vielleicht war es dann möglich, ihnen die Augen zu öffnen. Schließlich war sie Schauspielerin, konnte alle Register ihres Talentes ziehen, beschwören und Mut machen für ein neues Leben jenseits der alten Heimat.

Die Familie hatte sich seit Marlenes Ausreise immer wieder getroffen – schon Marlenes Tochter Maria zuliebe, die sehr an ihrer Großmutter hing. Zwischen 1934 und 1938 gab es einige Zusammenkünfte sowohl in Österreich als auch in der Schweiz, Deutschland war zu gefährlich. Marlene wollte niemanden in Gefahr bringen. In der Nähe von Salzburg, also gleich hinter der deutsch-österreichischen Grenze, hatte Rudi Sieber auf Drängen Marlenes ein Haus im ländlichen Stil gekauft. Marlene liebte die Berge, die österreichische Küche und vor allem die Trachtenmode der Alpenrepublik. Wenn sie in Österreich war, ließ sie ihre amerikanischen Starroben im Kleiderschrank und wanderte gerne im Dirndl und mit Tirolerhut durch die Landschaft. Auch Rudi und Maria wurden in Trachten gesteckt – ob sie wollten oder nicht. Einige Jahre lang hatte Familie Sieber-Dietrich in Österreich ein Refugium, in dem man sich auch mit der deutschen Verwandtschaft ungestört treffen konnte. Über den Verlauf dieser Familientreffen ist nahezu nichts bekannt, aber Marlene wird nicht nur von Hollywood erzählt haben, von all den Stars, zu denen sie nun selbst zählte, von Gary Cooper, Greta Garbo, Charles Boyer, Carole Lombard – Namen, die man auch in Deutschland kannte –, oder von ihrem großen Haus mit Swimmingpool in ihrer sonnigen kalifornischen Wahlheimat, wo es »so liebenswert« sei, wo alles »wie am Schnürchen« funktioniere, »Disziplin wie in einer Armee« herrsche. Marlene wird ihre Mutter und ihre Schwester vor allem nach Deutschland befragt haben, ob sie nicht wüßten, was dort vorginge. Warum sie nicht zu ihr ziehen wollten – schließlich hätte sie ihnen in Hollywood einiges zu bieten. Wie könnten sie Hitler nur glauben?

Aber Josephine von Losch sah die Gefahr nicht. Wer sollte sich dann um die Felsingsche Firma kümmern? Sie sei doch darauf angewiesen. Die alte Preußin hatte ihre Prinzipien. Pflicht war die höchste Tugend, weglaufen kam nicht in Frage. Josephines Haltung glich der so vieler Deutscher zu Beginn des Dritten Reiches. Wahrscheinlich sei man nur neidisch auf Deutschland, wo es ihnen doch immer besser ginge und endlich wieder Recht und Ordnung herrschten. Die Menschen hätten neue Hoffnung und Zuversicht gewonnen. Die Preise seien stabil, die Löhne auch. Hitler mochte Fehler haben, aber er habe vielen Arbeit und Brot gegeben! Sicher, direkt nach der Machtergreifung habe es wohl einige Übergriffe der SA gegeben, aber das sei längst vorbei. Woher wolle man im Ausland wissen, wie es in Deutschland wirklich sei?

Marlene wußte es: Es gab keine Parteien und Gewerkschaften mehr, keine Pressefreiheit, alle Zeitungen berichteten nur noch von den Erfolgen des Führers und der Partei, ignorierten Verfolgung und Verschleppung in Konzentrationslager, und die Rassegesetze, mit denen Juden immer weiter aus dem normalen Leben verdrängt wurden, regelten die Zugehörigkeit zu einem Volk. 1933 hatte man bereits ihren Kollegen

Max Reinhardt, Kurt Weill, Fritz Lang und Billy Wilder die deutsche Staatsangehörigkeit entzogen. Zwei Jahre später verbot Goebbels alle Filme, die vor 1933 entstanden waren. Marlene hatte den emigrierten Kollegen gut zugehört und geholfen, wo sie konnte.

Doch Josephine und Elisabeth glaubten ihr nicht. Ein Onkel, der in den höchsten Kreisen der NSDAP verkehrte, hatte sie in ihrer Meinung bestärkt. Marlenes Mutter und Schwester sahen wirklich keine Notwendigkeit, Deutschland zu verlassen.

1938 versuchte Marlene ein letztes Mal, die Familie zum Exil zu überreden. Nun endlich müßten sie doch aufgewacht sein, so hoffte Marlene. Der spanische Bürgerkrieg, an dem Hitlers »Legion Condor« beteiligt war, hatte die westlichen Nationen vor den Kriegsgelüsten der Nationalsozialisten zumindest gewarnt. Vor allem die Bombardierung des baskischen Dorfes Guernica durch die deutsche Luftwaffe hatte internationale Empörung hervorgerufen. Das konnte man doch auch in Deutschland nicht einfach ignorieren! Und die Berichte über die »Reichskristallnacht« oder die Ausstellung »Entartete Kunst« bestärkten Marlene in ihrer Überzeugung, daß die Familie Berlin und Deutschland endlich aufgeben sollte.

Dieses Mal trafen sie sich in der neutralen Schweiz, wo Marlenes Tochter Maria auf ein Internat ging. Zu jener Zeit war es für nicht vorbestrafte Deutsche noch kein Problem, ein Visum für die Schweiz zu bekommen – wenngleich Marlenes Schwager Georg Will als Mitglied der NSDAP zu einer Gegenleistung verpflichtet wurde. Er sollte, so die Anweisung der Partei, die berühmte Schwägerin überzeugen, nach Deutschland zurückzukehren. Damit biß Will bei Marlene allerdings auf Granit. Sie tobte und beschimpfte ihn wütend, weil er sich von Goebbels als Botenjunge einspannen ließ. Sie sollte in ein Land zurückkehren, das mittlerweile einen Großteil ihrer berühmten Lieder verboten hatte, nur weil sie aus der Feder jüdischer Komponisten stammten? Lächerlich!

So schnell wie möglich mußte sie ihre Familie aus Deutschland herausholen. Wenn schon nicht in die USA, so könnten sie doch wenigstens nach Frankreich ziehen, schlug sie Mutter und Schwester vor. Doch wieder weigerten sich beide. Warum denn Berlin verlassen, um in einem fremden Land zu leben, dessen Sprache sie nicht beherrschten? Ihnen ginge es doch gut, niemand täte ihnen etwas zuleide. Außerdem hätten sie sich um die Firma zu kümmern. Marlene bekam immer wieder dieselben Argumente zu hören. Es schien zwecklos. Sie gab auf.

Erst nach Ende des Zweiten Weltkriegs, knapp ein Jahrzehnt später, sollten sich Marlene, Josephine und Elisabeth wiedersehen. Kassandra hatte vergeblich gewarnt.

Josephine von Losch bekam die Macht der Nazis dann doch noch persönlich zu spüren. Während des Krieges stand sie wegen ihrer berühmten Tochter unter ständiger Beobachtung. Man führte sie als »politisch verdächtig« und überwachte sie mißtrauisch. Mehrmals wurde sie durch die Gestapo verhört.

Marlenes Schwester Elisabeth Will litt offensichtlich weniger unter den Nazis. Im Gegenteil, ihr Mann hatte eine makabre Karriere gemacht. War – ähnlich wie seine berühmte Schwägerin – Truppenbetreuungsoffizier gewesen, wenngleich auf der anderen Seite. Während Marlene jedoch unter Einsatz ihres Lebens für ein Ende des Krieges kämpfte, sorgte er für die Unterhaltung des Bewachungspersonals im KZ Bergen-Belsen. Ihm unterstand das Wehrmachtskino im Lager und im nahe gelegenen Fallingbostel. Elisabeth selbst leitete die Kantine des KZ.

Als Marlene beim Einmarsch in Deutschland erfuhr, daß Elisabeth und Will in Bergen-Belsen waren, glaubte sie natürlich zunächst, sie seien dort Häftlinge, und fuhr sofort hin. Um so fassungsloser war sie, als sie die Leichenberge und halb verhungerten Menschen in dem Todeslager sah und die Wahrheit erfuhr. Marlene verzieh ihrer Schwester nie, daß sie nicht einmal zur schweigenden Masse gehörte, sondern aktiv mitgemacht hatte bei den Verbrechen der Nazis. Nie wieder sprach sie über Elisabeth – auch nicht in ihren Erinnerungen. Als sie später in Interviews nach ihr gefragt wurde, stritt sie schlichtweg die Existenz ihrer Schwester ab.

Die Soldatentochter

»Der wichtigste Abschnitt meines Lebens«

Anfang der vierziger Jahre zog Marlene wie viele andere ihrer Schauspielerkolleginnen durch die USA, um Geld für das amerikanische Rüstungsprogramm aufzutreiben. Der Staat allein vermochte diese Ausgaben nach dem Kriegseintritt im Dezember 1941 nicht zu tragen, also wurde die Heimatfront zur Kasse gebeten. Nicht, ohne dabei Spaß zu haben, versteht sich. Wir sind in Amerika. »Jeder, der die Fähigkeit besaß, zu unterhalten, Geschichten zu erzählen, Witze zu machen, zu singen, zu tanzen, zu plaudern, wurde aufgefordert, sich in den Dienst des Landes zu stellen.« Bette Davis, Joan Crawford, Katharine Hepburn und manch anderer Star waren dabei. Die Heldin dieser Bemühungen war jedoch eindeutig Marlene Dietrich. Sie sammelte Geld, wo immer es sich anbot, in Restaurants, Bars, Cafés. Ihr Einsatz für die amerikanische Rüstung war berühmt-berüchtigt: Immer wieder soll es ihr dabei gelungen sein, mit einem gekonnten Augenaufschlag, einem kurzen Lied oder Anspielungen auf ihr eigenes Engagement für das Vaterland weitaus größere Summen zu erbetteln als andere. Dabei nutzte sie ihre Kontakte zu Politikern, Industriellen und anderen prominenten und gut betuchten Staatsbürgern geschickt aus. Hatte sie dann die ersehnten Schecks in der Hand, wurden diese von begleitenden Beamten sofort geprüft.

Marlene ging in dieser Aufgabe auf, glücklich, auf diesem Weg etwas für ihr Land tun zu können. Endlich konnte sie sich wieder auf die Werte verlassen, die Josephine von Losch ihr beigebracht hatte: Pflichtgefühl, Anstand, Disziplin. »Amerika hatte mich aufgenommen, als ich Hitler und Deutschland aufgab.« Nun war endlich die Zeit gekommen, sich dafür zu revanchieren.

Verständlicherweise wurde sie gerade in dieser Zeit von Journalisten immer wieder nach ihrem Verhältnis zu Deutschland befragt. Ihre Antwort fiel stets eindeutig aus: »Ja, ich bin amerikanische Staatsbürgerin, aber ich kam in Deutschland zu Welt. Das läßt sich nicht leugnen. Auch ein abgestorbener Baum behält seine Wurzeln. Sie stecken in etwas, das nichts mit dem Deutschland Hitlers zu tun hat. Das Deutschland meiner Kindheit war anders.«

Anfang der vierziger Jahre waren die USA militärisch nicht in der Lage, Hitlers Siegeszug Einhalt zu gebieten. Innerhalb von nur zwei Jahren schafften es die Amerikaner jedoch, ein hochmodernes Rüstungsprogramm aufzustellen – nicht zuletzt mit Hilfe ihrer Stars. Marlene war besonders aktiv. In vielen amerikanischen Großstädten ging sie in Gourmet-Restaurants und Nachtbars und forderte die Gäste auf, für das nationale Rüstungsprogramm zu spenden. Und sie war erfolgreich: Über eine Million Dollar soll sie gesammelt haben – das stellte alles in den Schatten.

In den teuren Lokalen hatte Marlene dabei relativ leichtes Spiel, dort verkehrten die besseren Kreise. Die Auftritte in Nachtbars zu vorgerückter Stunde waren etwas anderes. Dort zog sie alle Register der Lola: Mit einem Hauch von Kleid, halbnackt, glamourös, verwirrend und offensiv verführte sie die meist männlichen Zuschauer zum Spenden. Marlene zum Anfassen. Einmal die schönsten Beine der Welt berühren.

»Ausziehen, ausziehen!« Jeder wollte ein Stück von ihr. Sie ließ es geschehen, genoß die erotische Spannung, die sie hervorrief, setzte sich an die Tische der willigen Spender, dankte bereitwillig mit einem Kuß. Der Alkohol hatte sie weich gestimmt, nahezu enthemmt. Die Beträge waren hier kleiner, aber immerhin.

Ihre Erfolge waren auch Präsident Roosevelt zu Ohren gekommen. Eines Nachts soll er Marlene überraschend ins Weiße Haus bestellt haben, um ihr für ihren Einsatz zu danken, ihr aber auch jegliches weitere Vorgehen dieser Art aus moralischen Gründen zu verbieten. Sie hielt sich offensichtlich daran – zumindest sind keine weiteren präsidialen Rügen bekannt.

Zwischen 1941 und 1944 konnte Marlene beweisen, wie zäh und diszipliniert sie wirklich war. Denn die Filme, die sie in Amerika bislang berühmt gemacht hatten, vermittelten bis dato das Bild einer gänzlich anderen Frau. Wer hätte gedacht, daß ausgerechnet diese leichtfertige, frivole und verantwortungslose Prostituierte aus »Der blaue Engel« zum Aushängeschild für Amerika werden sollte? Mit »Manpower«, »The Lady is Willing«, »Kismet« – und das sind nur einige – entstanden auch in diesen Jahren Produktionen, die das Publikum begeistert aufnahm. Marlene wußte immer, daß diese Filme nichts mit hoher Schauspielkunst zu tun hatten, aber sie brauchte Geld für ihre Familie. Schließlich war sie Alleinverdienerin, Rudolf und Tamara, die Tochter und viele andere waren auf ihre Unterstützung angewiesen.

Auch »Follow the Boys« gehörte in diese Zeit – ein Armee-Unterhaltungsfilm, in dem zahlreiche Berühmtheiten mitwirkten. Es war kein Film im eigentlichen Sinne, sondern ein Sammelsurium ganz unterschiedlicher Shows mit vielen Stars – unter anderen mit Marlene, die von Orson Welles als Zauberkünstler in zwei Teile zersägt wird.

Legendär auch ihre Auftritte in der Hollywood-Canteen, einem gut besuchten Treffpunkt für Soldaten und Künstler. Ein Hilfskellner beschrieb später einen ihrer zahlreichen Auftritte: »Einfach umwerfend. Das Publikum war außer sich, und die Soldaten – und nicht nur sie – kriegten sich nicht mehr ein.« Starallüren zeigte sie bei diesen Auftritten übrigens nicht. Im Gegenteil, sie tanzte hemmungslos mit den GIs, ließ sich umarmen, küssen, durch die Menge wirbeln, wie Filmdokumente eindrucksvoll zeigen, half hinter der Bar und der Küche, briet Rührei und kehrte das Lokal. Endlich konnte sie sich so richtig entfalten, ihre Revueerfahrung aus dem Berlin der zwanziger Jahre mit ihrem Sinn für Recht und Ordnung verbinden. Marlene wußte: Hier konnte ihr keiner das Wasser reichen.

»Was aber ist deine Pflicht? Die Forderung des Tages.« Goethes Gedanken haben Marlene auch in ihrem Engagement für Amerika bestärkt. Eine Frau muß ihren Mann stehen – und das tat sie: als treue Staatsdienerin, als vielseitige Schauspielerin und als Fels in der Brandung für alle, die ihre Hilfe nötig hatten.

Einer davon war Jean Gabin. Marlene und Jean hatten sich bereits Ende der dreißiger Jahre bei einem gemeinsamen Bekannten kennengelernt, Marlene soll außerdem schon früh für ihn interveniert haben, um ihm einen Vertragsabschluß in den USA zu ermöglichen und so dem bewunderten Kollegen zu helfen. So etwas erledigte sie gern, stets sehr diskret – und meist erfolgreich. Mit Marlene hatte Jean eine unschlagbare Fürsprecherin gewonnen, und zwei Menschen waren aufeinandergetroffen, wie sie gegensätzlicher kaum sein können: die extrovertierte Marlene, ein Weltstar im Zenit des Erfolgs, und der verschlossene Jean, ein rauher und ungehobelter Kerl, dessen Stern als Charakterdarsteller zu dieser Zeit bereits im Sinken begriffen war. Plötzlich war Gabin in Amerika – und aus gegenseitiger Faszination wurde Liebe, für Marlene nach Erich Maria Remarque sogar die Liebe ihres Lebens. Gabin war im Sommer 1941 aus dem besetzten Frankreich nach New York geflohen, und Marlene half ihm, wo sie konnte. Denn Jean wurde nur schwer heimisch in Amerika, er sehnte sich nach Frankreich und seinem gewohnten Leben. »Ich kümmerte mich um seine Verträge und um sein Haus ... Wir richteten sein Haus nach seinem Geschmack ein ... Er sollte sich so wohl wie möglich fühlen ... Ich liebte es, ihn Tag und Nacht zu bemuttern ... ich habe ihn sehr geliebt. Marlene sorgte für Gabin und gab dem entwurzelten Schauspieler Halt. Für ihn war mit seiner Emigration nach Amerika eine Welt zusammengebrochen. Denn während er in Frankreich jahrelang als die Entdeckung des französischen Films gegolten hatte, war er in den USA nahezu unbekannt. Ohne Sprachkenntnisse, eigen und ungesellig, wie er war, fühlte sich Gabin sehr einsam in dem fremden Land.

Doch Marlene verstand es, ihm ein Stück Heimat zurückzugeben. Sie sprach französisch mit ihm und kochte seine Lieblingsspeisen. »Ich mußte französisch kochen ... mein Pot-au-feu ist ein köstliches Winteressen ...« Sogar die Hausschuhe soll sie ihm hinterhergetragen haben. Sie lebten wie ein trautes Ehepaar miteinander, was ihrer tiefen Leidenschaft keinen Abbruch tat. »Er war der empfindsamste Mensch, den ich kannte«, beschrieb Marlene ihn immer wieder, »ich war da, um ihn zu beschützen.« Das tat Jean allerdings auch. Denn während Marlene mit Shows für GIs oder Fabrikarbeiter durch das Land tingelte, stand er hinter den Kulissen und paßte auf sie auf, »besitzergreifend und eifersüchtig«. Für Marlene war Jean Gabin der Inbegriff eines Mannes – und dazu gehörte auch, daß er nicht länger tatenlos zuschauen wollte, wie seine Heimat systematisch von den Deutschen ausgeplündert wurde. Aus ärmlichen Verhältnissen stammend und traditionell eher links stehend, verabscheute er die Nazis zutiefst und konnte nicht verstehen, daß ein Teil der Franzosen sogar bereit war, mit ihnen gemeinsame Sache zu machen.

1943 meldete sich Gabin freiwillig an die Front zur Einheit General de Gaulles nach Marokko. Marlene begleitete ihn bei seiner Abreise zum Schiff. Zwei Europäer in inniger Umarmung irgendwo an einem Kai in der Nähe von New York. Der Abschied könnte für immer sein. Ein letzter Kuß, ein letztes »Ich liebe dich« und ein paar hastige Worte über eine Zukunft, die beide nicht kannten. Gemeinsam wollten sie nach dem Krieg das fortsetzen, was so schön gewesen war, wo auch immer. Der Zerstörer draußen im Hafenbecken wartete, es war Zeit.

Auch Marlene wollte an die Front. Denn eines war ihr klar: Je eher die Deutschen von Hitler befreit wurden, desto besser. Schließlich war ihre Familie dort. Gabin schrieb ihr fast täglich. Er kämpfte an der Seite de Gaulles mit äußerster Tapferkeit – wie gerne wäre sie bei ihm gewesen.

1944 war es soweit, Marlene tauschte ihre Kleider und Roben gegen eine echte Soldatenuniform: »Ich habe einen Strich unter all meine Pläne gezogen, unter alle meine Wünsche, alle meine Sehnsüchte, alle meine Zukunftsaussichten ... Ich warte ... Ich warte darauf, fortzugehen. ... Ich habe eine Nummer. Sie ist noch nie aufgerufen worden. Ich bin hier für den Fall, daß sie aufgerufen wird. Diesen Augenblick darf ich unter keinen Umständen verpassen.«

Während sie in New York darauf wartete, endlich von der United Service Organization oder dem Office of Strategic Services, einem Vorläufer der CIA, für den unmittelbaren Fronteinsatz nominiert zu werden, dachte sie an Deutschland, an ihre Kindheit, an das, was sie mitbrachte für ihren Einsatz. Immerhin war ihr Vater Polizist und Soldat gewesen, ebenso ihr Stiefvater. Und sie selbst, wäre sie nicht ein »guter General« geworden? Marlene tanzte wieder, probte bis zum Umfallen, um das lange Warten sinnvoll zu nutzen. Nur keine Zeit verschenken. Sie erinnerte sich an die Berliner Shows, übte alles, was Soldaten begeistern könnte: Hoch das Bein, runter die Augenlider. Freche Lieder, schöne Lieder, nur keine Trauer, nur keine Entmutigung. Es ging um Amerika – und es ging um Deutschland.

Endlich: der langersehnte Einsatz. Marlene flog zum ersten Mal, gespannt, aber auch nervös. Casablanca. Was für ein Ort für einen Filmstar an der Front! An der Front? Nein. Nordafrika war nur eine Zwischenstation. Ungeduldig waren die Soldaten, schwierig und anspruchsvoll. Ganz anders, als sie sich das vorgestellt hatte. Hier gab es keine Begeisterungsstürme, nur weil sie die Dietrich war. Sie mußte kämpfen – und tat es auf ihre Weise. Inszenierte ihren Auftritt dramatisch.

So am 11. April im Opernhaus von Algier: Als sie sich durch Danny Thomas entschuldigen läßt, ein hoher Offizier habe sie aufgehalten, gibt es Tumulte, Pfiffe. Und dann, aus dem Publikum, ihre Stimme: »Nein, nein, ich bin hier!« In maßgeschneiderter Uniform bahnt sich Officer Dietrich einen Weg nach vorn, öffnet dort einen Koffer, zieht sich – abgeschirmt nur durch eine spanische Wand – auf offener Bühne um. Der Saal tobt, als Marlene wenige Sekunden später »in einem pailettenbesetzten Nichts … als der Inbegriff aller Frauen«, nach denen sich die Jungs sehnen, ihr legendäres »See what the Boys in the Backroom will have« anstimmt.

Besser ging's nicht. Bewaffnet mit singender Säge und den schönsten Beinen der Welt, war sie von nun an tatsächlich der einzige weibliche Weltstar, der an der Front arbeitete. Das sogenannte »nackte Kleid« blieb ihr Markenzeichen. Im Jeep und per Flugzeug näherte Marlene sich Deutschland. Über Neapel nach Rom, immer mit der gleichen Show, der mitreißenden Mischung aus alten und neuen Liedern. Eines davon, »Lili Marleen«, wurde zum Synonym für ihren Widerstand gegen Hitlerdeutschland:

> Vor der Kaserne, vor dem großen Tor
> stand eine Laterne, und steht sie noch davor,
> so woll'n wir uns da wiederseh'n,
> bei der Laterne woll'n wir steh'n,
> wie einst Lili Marleen,
> wie einst Lili Marleen.

Der Text war im Ersten Weltkrieg von dem Berliner Hans Leip verfaßt worden, die Melodie stammte von Norbert Schultze, einem Komponisten, der ebenfalls aus Berlin kam. Die dänische Sängerin Lale Andersen machte daraus zunächst ein bei den Deutschen beliebtes Soldatenlied – bis Marlene mit einer englischen Version auch jenseits der deutschen Linien weltweit für Begeisterungsstürme sorgte. Goebbels verbot daraufhin das Lied – und konnte doch nicht verhindern, daß es letztlich zum gemeinsamen Soldatenlied aller Kriegsbeteiligten wurde.

Aus der kleinen Marlene, die einst französischen Kriegsgefangenen Rosen geschenkt hatte, war eine überzeugte Kämpferin gegen Unrecht und Krieg geworden. Der Einsatz an der Front »war der wichtigste Abschnitt meines Lebens«, stellte Marlene später immer wieder klar. Und dachte dabei wahrscheinlich auch an ihre große Liebe Jean Gabin, den sie sogar inmitten der europäischen Kriegswirren im Auge behielt. »Sagen Sie, ist vielleicht Jean Gabin irgendwo bei Ihnen?« soll sie eines Tages eine französische Panzereinheit in der Nähe von Algier gefragt haben. Die Panzersoldaten wiesen nach vorne. »Ja, da vorn an der Spitze, da muß er sein.« Und da rannte er, der Weltstar des amerikanischen Films. Vorbei ging es an den rollenden Panzern, ganz nach vorne, wo sie den Geliebten vermutete. Dann lag sie atemlos, das Käppi vom blonden

Haar gerutscht, in den Armen ihres Jean. Die Zeit blieb stehen. Und als Marlene und Jean sich aus der Umarmung lösten, jubelten die Soldaten. Für einen kurzen Moment hatte das ungenierte Liebespaar sie den Krieg vergessen lassen.

6. Juni 1944. Mittlerweile waren die amerikanischen Truppen in der Normandie gelandet. Marlene hatte die Ehre, dieses Ereignis zwanzigtausend alliierten Soldaten auf offener Bühne zu verkünden. Und sie weinte dabei.

Dann die Rückkehr nach New York. Sie erholte sich von einer Lungenentzündung, die ihr die Strapazen der vielen Vorstellungen in Italien eingebracht hatten. Und war in Gedanken schon wieder an der Front. Nahm amerikanische Popsongs mit deutschen Texten auf, ein bewährtes Propagandamittel. Ließ sich für das Hochglanzmagazin Vogue in GI-Uniform ablichten – und begann in den Staaten über Deutschland zu reden. Über die Menschen dort und den Verrat, der an ihnen begangen wurde.

Wieder an der Front, in den Ardennen, zierte sie sich nicht, Seite an Seite mit den Soldaten durch rauhes Gelände zu robben, Wind und Wetter einerlei. Teilte mit den Soldaten alles: Essensrationen, Kälte, Ratten, Läuse – nicht selten auch den Schlafsack. Denn die Anerkennung, die Kameradschaft waren das, was Marlene immer gesucht hatte. »Königin der Markentenderinnen« – dem Theaterkritiker Kenneth Tynan versicherte sie einmal, »sie traue sich zu, Brechts Mutter Courage zu spielen«, einen Karren über die Schlachtfelder schleppend, »um dabei immer wieder ihren Laden aufzumachen, wo etwas los ist«.

Auf der Bühne wiederum zog »Lili Marleen die Große« alle Register ihrer Verführungskunst, brachte das Blut ihrer »Jungs« – oftmals halb so alt wie sie, zäh und durchtrainiert – in Wallung. Warum nicht den einen oder anderen für seinen Einsatz fürs Vaterland belohnen? Warum nicht neben politischen Statements zu Deutschland, zu Hitler und der Rolle der Alliierten auch an das eigene Vergnügen denken? Jean mit seiner berüchtigten Eifersucht war weit weg …

Marlene Dietrich mit amerikanischen Soldaten, 1945

General Eisenhower hatte allerdings nicht das Vergnügen. Auf die Frage, ob sie auch mit ihm geschlafen habe, antwortete Marlene später: »Aber mein Lieber, Ike war doch nicht an der Front.« General George Smith Patton, in dessen Einheit sie bis Dezember 1944 diente, hingegen schon. Marlene liebte, wie sich ihre Tochter Maria Riva erinnert, »diesen Draufgänger, seine Prahlerei, seine soldatische Arroganz und bestärkte ihn in allem, was er für seine Pflicht hielt«.

Doch die Augenblicke des Vergnügens waren kurz. Im Verlauf der Ardennenoffensive wurde Marlene mit einer Gruppe amerikanischer Soldaten von deutschen Wehrmachtsverbänden eingeschlossen. »Sie sind ganz in der Nähe, die Achtachter zielen auf uns – haut ab, los haut ab!« Eine aufgeregte Männerstimme scheuchte sie auf. Marlene kroch gemeinsam mit anderen aus den Schlafsäcken, begann zu rennen. Ein Jeep, nichts wie hinein. »Was ist passiert, wieso sind die Linien durchbrochen?« Los ging's Richtung Reims. »Nach Reims?« Marlene verstand nicht. »Aber das liegt doch weit hinter uns.« »Hat dich jemand nach deiner Meinung gefragt? Nein? Also, dann mach schon.« Der harte Umgangston – Routine. Aber was würde passieren, wenn sie sich plötzlich mit deutschen

Soldaten auseinandersetzen müßte? Von General Patton hatte sie einen Revolver, man konnte ja nie wissen. Aber auf wen sollte sie schießen?

Die Rettung kam in Gestalt von US-General James Gavin. Geschickt hatte ihn buchstäblich der Himmel. Denn er landete mit seinem Fallschirm direkt vor ihren Füßen. Er war der jüngste General der Truppe – und sicherlich auch der attraktivste. Marlene fing Feuer – ein echter Held. Erst befreite er ihren Trupp von den Deutschen und dann sie von dem Einerlei des Soldatenalltags.

Die Affäre sorgte für Furore, auch nach dem Krieg. Denn Gavin, dessen Frau sich von ihm scheiden ließ, und Marlene setzten ihr Verhältnis in Paris fort. Und Marlene hatte ein Problem: Auch Gabin war in die französische Hauptstadt zurückgekehrt. Nun galt es also, den einen Liebhaber vor dem anderen zu verbergen. Oder war es ganz anders? Ging es Marlene eben gerade darum, ihre Beziehung zu Gabin mit Hilfe des schmucken Fallschirmjägers zu lockern? Gabin wollte sie heiraten, nun, als der Krieg vorbei war. Wollte Kinder, eine Familie gründen. Und Marlene? Sie wollte frei sein und unabhängig, doch mit Gabin zusammen war das undenkbar. Gabin machte das Spiel nicht lange mit. 1949 heiratete er eine junge Französin, die Marlene im übrigen glich, und lehnte von da an jeden Kontakt mit der »Prucienne« ab. »Ich habe ihn verloren, wie man seine Ideale verliert.« Marlene litt noch Jahre unter dem Verlust ihres französischen Geliebten, der anders als all ihre anderen Eroberungen nicht gewillt war, ihre einstige Liebe in Freundschaft zu »transformieren«. Und trotzdem wird sie bei seinem Tod 1976 verkünden, sie wäre nun zum zweiten Mal Witwe geworden: »Meine Liebe zu ihm wird stark und unzerstörbar fortbestehen.«

Der Krieg war vorbei. Und was blieb? Marlene erhielt 1947 als erste Frau in der Geschichte der USA den höchsten amerikanischen Orden, die »Medal of Freedom« für besondere Tapferkeit im Kriegseinsatz. Die Urkunde nennt Marlenes herausragende Leistungen: »Marlene Dietrich leistete von

Der französische Botschafter in den USA, Henri Bonnet, überreicht Marlene Dietrich das Kreuz der Ehrenlegion für ihren Einsatz an der Front

1944 bis 1945 verdienstvolle Einsätze zur Unterstützung militärischer Operationen in Nordafrika, in Italien, in Frankreich, in Belgien und in Deutschland, wobei sie sich unter Kampfbedingungen, widrigem Wetter und unter Einsatz ihres Lebens einer zermürbenden Aufgabe unterzog. Trotz beeinträchtigter Gesundheit fuhr Marlene Dietrich fort, informative Gespräche mit über 500 000 Soldaten zu führen, sie zu unterhalten und sie aufzumuntern. Mit lobenswerter Energie und Aufrichtigkeit trug sie unschätzbar zum Wohlbefinden der Truppe bei.«

Marlene verstand diese Auszeichnung immer als Anerkennung für ihren Einsatz für Freiheit und Demokratie – und nicht für ihren Kriegseinsatz an sich. Denn sie schaffte es mit ihren flammenden Ansprachen, die oftmals frustrierten Soldaten davon zu überzeugen, daß ihr Kampf letztendlich dazu beitrug, daß »hüben und drüben keine jungen Männer mehr sterben müssen«.

Als zweiter Deutschen – nach ihrem Idol Goethe – wurde ihr von den Franzosen 1951 das »Kreuz der Ehrenlegion« verliehen, verbunden mit der Aufnahme als Oberst in die französische Ehrenlegion. Das waren Anerkennungen, auf die sie ihr Leben lang Wert legte, auch wenn die Deutschen darüber geteilter Meinung waren. Der österreichische Schriftsteller und ehemalige Auschwitzhäftling Jean Améry bewunderte sie für das, was sie für ihre Heimat getan hatte: »Gehörte ich dem Volk der Deutschen an, ich wäre stolz auf sie – und stolz auf diesen Stolz.«

Heimkehr in ein fremdes Land
Berlin 1945

Bühne frei für Marlene Dietrich. Das Publikum spendet frenetischen Beifall. Es sind amerikanische Soldaten, die dem Filmstar zujubeln, Marlene ist wieder bei der Truppe. Und sie ist endlich wieder in Deutschland, ihrer alten Heimat, wenn auch zunächst nicht in Berlin, sondern erst einmal in Aachen. Kalt ist es hier, die Anwesenden sind durchgefroren. Auch Marlene friert in ihrer dünnen Bühnenkleidung, nicht einmal ihre provisorische Garderobe ist geheizt. Sie nimmt es gelassen, an der Front hat sie ganz andere Dinge ertragen. Doch der Besitzer des Kinos sieht, daß Marlene Dietrich vor Kälte zittert. Der Weltstar bei ihm zu Gast – frierend? Was für eine Blamage! Der Mann bietet ihr eine Tasse Kaffee an. Lächelnd nimmt Marlene das dampfende Getränk entgegen. Kaffee ist in Deutschland Luxus, sie weiß die Geste zu schätzen.

Die Soldaten sind mißtrauisch. »Paß auf, der Kaffee könnte vergiftet sein«, raunt einer ihr argwöhnisch zu. Marlene lacht und nimmt einen Schluck. Sicher, dem Kaffee könnte etwas beigegeben sein. Aber warum sollte der nette Kinobesitzer so etwas tun? Dennoch, was wäre, wenn? Sie beschließt, ihn einfach zu fragen: »Warum bringen Sie mir Kaffee? Sie wissen doch, daß ich zur anderen Seite gehöre?«Der Mann stutzt kurz und antwortet dann mit einem tiefen Seufzer: »Ja, ich weiß, daß Sie auf der anderen Seite sind, aber Sie sind auch der Blaue Engel.«

Mai 1945. Marlenes Gefühle als Offizier der US-Armee waren ambivalent. Sie hatte während des Krieges auf der Seite des Feindes gekämpft, hatte ihre deutsche Staatsbürgerschaft abgegeben. Sie war wütend und ohne Verständnis für ein Volk, das sich so hatte verführen lassen, das so mitschuldig geworden war. »Ich hasse es, all diese Ruinen zu sehen, aber ich glaube, Deutschland hat alles verdient, was jetzt passiert«, hatte sie noch vor wenigen Monaten einem Journalisten gesagt, als sie sich mit der Truppe, von Belgien kommend, erstmals der deutschen Grenze näherte. Und doch lebten in Deutschland – vor allem natürlich in Berlin – Menschen, die ihr etwas bedeuteten. Diese Menschen, diese Stadt hatten sie einst geprägt, hatten aus ihr diese einmalige Mischung aus preußischer Offizierstochter und schnoddrigem Glamourgirl gemacht. Ihre schönsten Jahre hatte sie in Berlin verbracht. Es war ihre Jugend, nach der sie sich sehnte, als sie auf den Ladeflächen der amerikanischen Jeeps an der Westfront entlangschaukelte, immer wieder unterbrochen durch Auftritte auf hastig zusammengezimmerten Bühnen. Es ging ihr einfach nicht schnell genug, wann endlich würden sie Berlin erreichen?

Sie mußte sich noch etwas gedulden. Als Offizier unterstand sie der Befehlsgewalt des Militärs. Und die verantwortlichen Generäle hatten es gar nicht so eilig damit, den unbestrittenen Star der Truppenbetreuung in Deutschland einmarschieren zu lassen. Zu groß war die Angst, daß fanatische »Werwolf«-Anhänger die »Verräterin« erkennen und töten könnten. Erst nach langen Diskussionen erhielt Marlene schließlich die Erlaubnis, deutschen Boden zu betreten – vorerst nur in Bayern und in Begleitung zweier Leibwächter.

Doch die befürchteten Zwischenfälle blieben aus. In Aachen und vielen anderen Städten machte sie sogar gegenteilige Erfahrungen. Immer wieder wurde Marlene auf der Straße erkannt, wurde umarmt, geküßt und gebeten, sich für die Belange der Menschen einzusetzen. Für sie war sie noch immer die »fesche Lola« und nicht die amerikanische Offizierin.

Marlene nahm das erstaunt zur Kenntnis, sie war sowenig dieselbe geblieben wie dieses Land, das zu einer Trümmerwüste geworden war und nichts mehr mit ihren Erinnerungen zu tun hatte. Den meisten Menschen, denen sie begegnete, fühlte sie sich fremd, so verängstigt und apathisch, wie sie waren. Zurück blieb ein seltsames Gefühl. War das ihre Heimat?

Und wie würde das Wiedersehen mit Berlin sein, das von der Roten Armee erobert oder – wie es in den Berichten der Sowjets hieß – »befreit« worden war? Anfangs erhielt sie nur

Große Teile der Stadt waren völlig zerstört, hier: Ruinen am Spreeufer

sehr spärliche Nachrichten über die Lage in der Hauptstadt. Der Kontakt zur ihrer Mutter war in den Kriegswirren verlorengegangen. Von ihrer Schwester wußte sie lediglich, daß die alte Wohnung in der Kaiserallee ausgebombt war. Freunde hatten ihr erzählt, daß Berlin besonders schlimm verwüstet war. Hitlers letztes Aufgebot, der Volkssturm, hatte hier bis zuletzt erbittert gekämpft. Sogar Kinder waren eingesetzt worden, um dem Belagerungsring um die Hauptstadt standzuhalten. Ein paar Nazis hatten noch am Tag der Kapitulation einen Spreetunnel der Nord-Süd-Bahn in die Luft gesprengt. Durch die Berliner Erklärung vom 5. Juni 1945 wurde der Weg frei für die Aufteilung Berlins in vier Besatzungszonen, so wie im gesamten Deutschen Reich, das nun nicht mehr existierte. Damit war endlich der Weg für Marlene frei, in »ihr« Berlin zurückzukehren, endlich die Mutter in die Arme zu schließen. Noch wußte sie gar nicht, ob sie die letzten Tage der Hauptstadt überhaupt überlebt hatte.

Marlene war mittlerweile wieder bei Gabin in Paris, als sie im September 1945 die lang ersehnte Nachricht aus Berlin erhielt, daß man ihre Mutter gefunden hatte. Sie sei wohlauf und lebe nun in einem möblierten Zimmer in der Fregestraße in Friedenau.

Wenige Tage später: Die Deutsche mit dem amerikanischen Paß saß in einer Militärmaschine und sah aus dem Fenster. Wie lange hatte sie auf diesen Moment gewartet, vierzehn Jahre. Als die Maschine zur Landung ansetzte, konnte sie einen ersten Blick auf die Vororte werfen. Sie schienen leidlich davongekommen zu sein. Doch je mehr sich das Flugzeug der Innenstadt näherte, um so schlimmer wurde das Ausmaß der Zerstörungen. In Wilmersdorf standen die meisten Häuser noch. Aber Schöneberg hatte es hart getroffen, deutlich sah sie das Rathaus. Nicht weit weg davon mußte die Sedanstraße sein, in der ihr Geburtshaus stand.

Etwas zu heftig setzte der Flieger in Berlin-Tempelhof auf. Marlene, im Uniform-Kostüm der US-Army, das spitze Käppi auf dem Kopf, entstieg der Maschine. Nervös umfaßten ihre Hände das Futteral mit der berühmten singenden Säge, dem wichtigsten Utensil ihrer Shows. Um sie herum waren so viele Menschen, wie sollte sie da jemanden erkennen? Plötzlich verharrte ihr Blick: Dort hinten, da winkte jemand ungestüm, das mußte ihre Mutter sein. Hastig ging Marlene auf Josephine zu, schloß sie fest in die Arme. Wie

Marlene Dietrich in der Uniform der US-Truppenbetreuerin und ihre Mutter auf dem Flughafen Tempelhof, 1945

jung sie immer noch aussah, nur das Gesicht war vielleicht um das Kinn herum etwas runder geworden. Tränen schossen ihr in die Augen. Sie war wieder zu Hause.

Ein Sturm von Blitzlichtern beendete die Intimität des

Augenblicks. Es hatte sich nichts geändert, für einen Weltstar gibt es kein Privatleben. Behutsam löste sich Marlene aus der Umarmung ihrer Mutter und nahm wieder Haltung an. Arm in Arm verließen sie das Rollfeld.

Während der Tage, die Marlene in der Fregestraße verbrachte, suchte sie nach dem Berlin, das sie kannte. Was war nur aus dieser Stadt geworden? All die prächtigen Straßen, die Kaiser-Wilhelm-Gedächtniskirche, in der sie 1923 geheiratete hatte, das KaDeWe, der Ku'damm, dieses verrückte bunte Treiben – nichts war mehr davon zu sehen. Unter den Linden, die frühere Prachtstraße – keine Bäume mehr, keine Häuser, alles zerstört. Das Brandenburger Tor mit der lädierten Siegesgöttin stand inmitten von Trümmern. Dazwischen ab und zu russische Soldaten, manchmal am Arm einer jungen Frau. Ansonsten sah Marlene auf der Straße vor allem Frauen und Kinder, die Trümmer beseitigten oder warteten: In langen Reihen standen sie für einen Eimer Wasser geduldig vor Pumpen und vor notdürftig eingerichteten Versorgungsstationen, um Brot entgegenzunehmen. Sie sahen müde aus, hungrig und abgespannt und waren schlecht gekleidet. Es war ein täglicher Kampf ums Überleben. Schwarzmarkt und skrupellose Schieber beherrschten das Bild, Hamsterfahrten aufs Land waren oft die einzige Möglichkeit, an Eßbares zu kommen. Rundfunk, Post, Telefon oder Elektrizität gab es kaum, nur die Besatzer konnten diesen Luxus nutzen.

In einem Brief an Rudi Sieber schrieb Marlene: »Die Kaiser-Wilhelm-Gedächtniskirche ist zerstört. Bahnhof Zoo, Tauentzienstr, Joachimsthaler – alles in Schutt und Asche. Friedenau und hier draußen steht fast alles. Das Geschäft [der Felsings] steht noch. Die Russen stahlen alle Uhren. Es donnert dauernd, wie Krieg, das sind die Sprengungen, um die Häuserruinen umzulegen. Habe mich noch nicht getraut, zu meiner Schule in die Nürnberger Straße zu gehen. Ich kann noch die schwere Tür fühlen, die ich mit dem Rücken aufschob, weil ich zu klein war, die Klinke zu fassen. Die Sprache klingt vertraut, wenn ich durch die Straßen gehe, und die Kinder spielen Himmel und Hölle auf dem zerbrochenen Pflaster.«

Doch es gab auch Aufbruchstimmung, die Berliner hatten offensichtlich einiges von ihrer optimistischen und humorvollen Art bewahrt. Marlene bemerkte es immer dann, wenn sie mit ihnen ins Gespräch kam. Kaum einer lamentierte über die Zerstörungen oder resignierte. Natürlich gab es nur wenig zu essen – und doch ließen sie sich nicht unterkriegen. Die ersten Geschäfte und Restaurants eröffneten wieder, selbst wenn man dort kaum etwas fand, was zu kaufen oder zu bestellen lohnte. Stein für Stein begann man, die Stadt wieder aufzubauen. Auch das kulturelle Leben erwachte langsam wieder. Im Berliner Künstler-Kabarett »Die Badewanne« zum Beispiel zeigten bereits kurz nach Kriegsende Musiker, Schriftsteller, Maler und Tänzer, was sie unter dem neuen Zeitgeist verstanden, und knüpften damit an die Traditionen der zwanziger Jahre an, in denen man schließlich auch die Wirren eines Weltkrieges zu bewältigen hatte. Es waren die ersten Versuche, die politischen Entwicklungen des letzten Jahrzehnts aufzuarbeiten, humorvoll bis sarkastisch setzten sich die Künstler mit der schwierigen Situation in der zerstörten Stadt auseinander. Berlin war eben doch Berlin.

Auf Marlene wartete in jenem Hauptstadt-Herbst ein volles Programm. Täglich absolvierte sie zwei Shows im Titania-Palast. Abend für Abend dieselben Lieder, dieselben Witze, dieselben Lacher. Ihr Publikum war rein amerikanisch – die Berliner mußten draußen bleiben, wenn sie in halbzerstörten Sälen, die notdürftig hergerichtet worden waren, auftrat und ihre Lieder eine heile Welt versprachen, ein wenig Vergessen, die Hoffnung auf baldige Heimkehr nach Amerika.

Der Höhepunkt ihrer Auftritte war die Feier der Siegermächte im Berliner Olympiastadion, das einst den Nationalsozialisten Bühne für ihre groß inszenierten Fackelzüge und Kundgebungen war. Leni Riefenstahl hatte dieser Ort während der Olympischen Spiele zu großem Ruhm verholfen, nun warteten Amerikaner, Russen, Engländer und Franzosen hier auf Marlenes Auftritt. Was wohl aus ihr geworden wäre, wenn Leni Riefenstahl die Rolle der Lola damals bekommen hätte? Eine seltsame Vorstellung für Marlene. Hätte auch sie unter

Hitler Karriere gemacht, aus Angst oder Opportunismus das verbrecherische System unterstützt? Sie war froh, daß sie diesem Deutschland entkommen war. Ein letzter Blick in den Spiegel, dann richtete Marlene sich auf und schritt auf die Bühne. »Was für eine Ironie, daß hier jahrelang die Aufmärsche der Partei stattgefunden hatten, und nun stehe ich hier oben, und der ganze Spuk ist wie weggeblasen.« Schon bei den ersten Takten von »Lili Marleen« sangen Tausende mit.

Ende Oktober hieß es für Marlene Abschied nehmen von Berlin und ihrer Mutter, denn sie wurde nach Frankreich zurückbeordert. Nur sechs Wochen später erreichte sie in Biarritz ein Telegramm mit der Nachricht vom Tod ihrer Mutter. In der Nacht des 6. November, kurz vor ihrem 69. Geburtstag, war sie an einem Herzinfarkt gestorben.

Die Beerdigung auf dem Schöneberger Friedhof, auf dem Jahre später auch Marlene begraben werden sollte, war gespenstisch. »Schlank, schwarz und still«, wie sich Hubert von Meyerinck erinnerte, stand Marlene im strömenden Regen vor einer zerbombten Kapelle. Den Sarg für ihre Mutter hatten GIs aus alten Schulpulten zusammengezimmert. Marlene begrub an diesem trüben Novembertag nicht nur ihre Mutter, sondern ihre »letzte Verbindung mit zu Hause. Wir alle verlieren unsere Mütter, verlieren Freunde, Kinder. Wir verlieren und verlieren. Jeden Tag bin ich aufs neue erstaunt über die Heftigkeit und Ausdauer, die der Kummer besitzt. Was mich betrifft, so heilt die Zeit nicht alle Wunden. Das einzige, was man versuchen kann, ist, einen Kokon um sein Herz wachsen zu lassen und sich alle Gedanken an die Vergangenheit zu verbieten.« Wie immer war Marlene auch in diesem Fall konsequent. Nach dem Begräbnis ihrer Mutter vermied sie es jahrelang, einen Friedhof zu betreten. »Ich gehe nie zu Begräbnissen, seit meine Mutter begraben wurde. Ich habe alles erlebt und will nicht noch mehr davon.«

Unmittelbar nach der Trauerfeier flog Marlene wieder zurück nach Paris. Sie sollte Berlin erst fünfzehn Jahre später wieder betreten.

Rendezvous sentimental

Wiedersehen mit alten Freunden

Das Hebbeltheater war wieder einmal brechend voll. Seit die Russen es kürzlich neu eröffnet hatten, stand Brechts »Dreigroschenoper« auf dem Programm, mit Hubert von Meyerinck in der Rolle des Mackie Messer. Das Publikum war gemischt: amerikanische Soldaten, junge Intellektuelle, Künstler – und mittendrin ein Weltstar: Marlene saß im Parkett, links und rechts von ihr GIs. Sie war neugierig, ob ihr alter Freund Hupsi sich verändert hatte. Die beiden verband eine lange Freundschaft, und in den Zwanzigern war es allgemein bekannt gewesen, wie verliebt Meyerinck in Marlene gewesen war. Der Freundschaft hatte dies aber nie Abbruch getan, im Gegenteil. Von Meyerinck stammte eine der treffendsten Beschreibungen ihrer Schauspielgabe: »Es war eigentlich nichts, was du spieltest oder machtest. Aber gerade dieses Nichts hat dich später berühmt gemacht. Aus diesem Nichts hast du deinen Stil geschaffen … und aus deinem Stil ist deine Kunst geboren … Mit einem Blick, mit einem hingehauchten Wort sagtest du mehr als eine Vollblutkomödiantin mit einer großen Szene.« Daran mußte Marlene jetzt denken, als das erste Finale verklungen war und die Lichter zur Pause angingen. Sie öffnete ihre Handtasche und entnahm ihr einen kleinen Zettel. Sie hatte ihn schon zu Hause geschrieben – er war für Hupsi. Sie würde ihn hier nicht sprechen, die Nachricht nicht persönlich übergeben können – ihr Besuch im Theater hatte schon für genug Aufsehen gesorgt. Und an einem offiziellen Treffen war ihr nicht gelegen.

Marlene bahnte sich einen Weg durch die Menge und ging unauffällig hinter die Bühne; die Gänge waren ihr nach all den Jahren immer noch vertraut. Zumindest hier hatte sich nicht allzuviel verändert. Schnell steckte sie ihren Zettel einer verblüfften Ankleiderin zu. Sie würde ihn sofort in Meyerincks Garderobe bringen, da war sie sich ganz sicher. Dann verschwand Marlene, den zweiten Teil des Stücks sah sie sich nicht mehr an.

Als Hubert von Meyerinck den Zettel entfaltete, hüpfte sein Herz: Marlene war unter den Zuschauern: »Hupsi, bitte komm in die Wohnung meiner Mutter – ich bin hier –, aber sag es niemandem. Deine Marlene.« Unter die Notiz war die Adresse gekritzelt. Der Schauspieler konnte es kaum glauben. Er hatte wohl gehört, daß Marlene in der Stadt sei, aber daß sie ihn als einen der ersten sehen wollte, hatte er nicht erwartet. Nach dem Schlußapplaus stürzte er sofort aus dem Theater. Noch geschminkt, schwang er sich auf sein Fahrrad – glücklich, wer in jenen Tagen ein Fahrrad besaß – und radelte im Dunkeln in die Fregestraße. Er mußte langsam fahren, vorsichtig um herumliegende Mauersteine, Auto- und Panzerwracks, die noch nicht beseitigt worden waren, lavieren.

In der Fregestraße nahm Hubert von Meyerinck drei Stufen auf einmal und klingelte ungeachtet der vorgerückten Stunde an der Wohnungstür Sturm. War sie immer noch so schön wie früher? Und wie würde sie ihm begegnen? Immerhin war sie auf der Seite der Sieger und Befreier, während er sich wie viele seiner Kollegen mit den Nazis all die Jahre irgendwie arrangiert hatte. »Es war so viel geschehen, seit wir das letzte Mal in Paris Abschied genommen hatten«, erinnerte sich Meyerinck später an seine Gedanken. »So viel Grauen, so viel Brand und Verbrechen.« Doch die Tür ging auf, »und dann war es wie immer«. Nur trug sie diesmal Uniform. »Hupsi!« – »Marlene!« – es war so einfach. Sie fielen sich in die Arme, hatten sie sich doch so lange nicht gesehen. Erstaunt bemerkte Meyerinck ihre vielen Orden, erkannte sofort den russischen, wunderte sich. Lachend erzählte ihm Marlene, daß sie mit den Russen einmal Wodka getrunken hatte – und dafür prompt eine Auszeichnung erhielt. Keine Vorwürfe, keine unangenehmen Fragen. Kurz schilderte Meyerinck seiner alten Freundin, wie er an seine Rolle als Mackie Messer gekommen war. Nach langem, mühevollen Ringen war es dem Theater gelungen, eine Erlaubnis für die Aufführrung des Stücks zu bekommen. Denn in der unmittelbaren Nachkriegszeit mußten in Berlin alle Theaterstücke, Filme und anderen kulturellen Veranstaltungen erst durch die Alliierten gebilligt werden. Und Marlene erzählte von Hollywood, von ihren Erfolgen – und vom Krieg. Meyerinck konnte sich lebhaft vorstellen, wie Marlene die Soldaten an der Front begeistert hatte, und wäre gern noch länger geblieben. Doch es war schon spät.

Ein weiteres Treffen wurde vereinbart. Es müßte doch gelingen, die alte Truppe wieder zusammenzutrommeln, all die Kollegen, mit denen sie früher in den zwanziger Jahren gespielt, gelacht und gelebt hatten. Damals, als noch kein Hitler »Wir sind ein Volk ohne Raum« gekreischt hatte. Mit den meisten hatte Meyerinck noch Kontakt. Marlene gab ihm eine Liste, welche Freunde sie gerne wiedersehen wollte. Wenige Tage später standen sie vor der Tür in der Fregestraße: Heinz Rühmann, mit dem Marlene Dietrich in George Bernard Shaws »Eltern und Kinder« gespielt hatte, Hilde Körber, auch Walter Franck und Alexa von Porembsky – doch Marlene war nicht da. Die Gäste blickten einander verstört an. Marlene war doch sonst so zuverlässig? Sollte sie sich einen Scherz erlaubt, letztlich Vorbehalte gegenüber ihren alten Kollegen haben, die während der Nazizeit weiter gespielt hatten? Josephine von Losch konnte sie beruhigen und entschuldigte ihre Tochter, die kurzfristig in die Tschechoslowakei gereist war. Sie hatte erfahren, das Rudis Familie dort den Krieg überlebt hatte, und sich verpflichtet gefühlt, sie anstelle ihres Mannes sofort zu besuchen. So vereinbarten sie einen zweiten Termin, und diesmal öffnete Marlene ihren Gästen die Tür.

Wie der Abend verlief, ist nicht genau überliefert, aber aus den Memoiren von Marlenes Tochter, Meyerinck und Rühmann fällt es nicht schwer, ein solches »Rendezvous sentimental« zu rekonstruieren.

Marlene freute sich, alle gesund wiederzusehen, umarmte sie stürmisch. Instinktiv spürte sie, daß ihre Freunde mit gemischten Gefühlen gekommen waren, vielleicht sogar ein wenig Angst vor dem Urteil Marlenes hatten. Großzügig verteilte sie amerikanische Zigaretten, schenkte Kaffee-Ersatz aus, spendierte sogar Whisky und gab in breitem Berlinerisch Anekdoten zum besten, sprühte vor Charme – und die Freunde erkannten die alte Marlene wieder. Bald redeten alle durcheinander.

Marlene erzählte, was sie von den Emigranten wußte, und fragte nach alten Kollegen. Jeder konnte etwas berichten. Was die Hoppe macht, interessierte sie. Die spielte immer noch, hatte ja zusammen mit Gründgens Karriere gemacht. Aber ihr gehe es nicht gut im Moment. Marlene erinnerte sich an ihre große Liebe Richard Tauber, erzählte, daß er lange in England gelebt und sich dort gar nicht wohl gefühlt habe. Nun sei er schon zwei Jahre tot. Was hatte sie damals für ihn geschwärmt! Alle wußten, wie sie ihn vergöttert, wie sie alles um sich herum vergessen hatte, wenn Tauber sang, wie sie ohne Hut und mit offenem Mantel im tiefsten Winter zum Lehniner Platz gerannt war, nur weil ihr Idol dort sang. Und Heinrich George? Hatte der nicht Nachwuchs bekommen? Marlene konnte nicht genug von den Geschichten hören. Fünfzehn Jahre wollte sie nachholen.

Stille trat ein, als das Gespräch auf den Schauspieler Hans Brausewetter kam. Bestürzt erfuhr Marlene, daß er noch kurz vor Kriegsende am Branitzer Platz ums Leben gekommen war. Auch der charmante Harry lebte nicht mehr. Marlene erinnerte sich gern an ihren Partner Harry Liedtke in dem Film »Ich küsse ihre Hand, Madame«. Er hatte sich am Scharmützelsee schützend vor eine Gruppe von Frauen gestellt, als diese von Rotarmisten bedrängt wurden, woraufhin ihn die Soldaten kurzerhand erschossen.

Kurt Gerron und Karl Huszar-Puffy, einst Partner Marlenes im »Blauen Engel«, waren ebenfalls umgekommen, wann, wußte niemand so genau, sie lagen irgendwo in den Massengräbern von Auschwitz. Plötzlich war es ruhig geworden im Zimmer. Was für ein Abend! Marlene hatte Schwierigkeiten, ihre Gedanken zu ordnen. So viel Leid, so viel Trauer! Und was hatten ihre Gäste von all dem gewußt?

Marlene zündete sich eine Zigarette an und reichte die

Schachtel herum. Vielleicht war es schon die zehnte an diesem Abend, Rauchschwaden ließen die Gesichter verschwimmen. Nachdenklich sog sie den Rauch ein. »Du wirst noch einmal an Lungenkrebs sterben bei dem Konsum!« Natürlich, Hupsi hatte sie schon früher vor Zigaretten gewarnt. »Das ist dummes Zeug«, wehrte sie ab, »Richard Tauber hat sein ganzes Leben keine einzige Zigarette geraucht und ist an Lungenkrebs gestorben; im Jung's Hospital in London. Ich erinnere mich genau, denn ich wollte seine Operation bezahlen während des Krieges …«

Waren es die Erinnerungen oder der Wunsch, ein Stück von diesem alten Berlin zurückzugewinnen? Einen Moment lang stellte Marlene sich vor, sie würden wieder die alten Stücke von früher spielen. Eine Neuinszenierung von »Es liegt in der Luft« – und wie in den alten Zeiten würden sie und Margo Lion »Meine beste Freundin« als Lesben-Pärchen am Dessous-Stand singen. Mit Hupsi könnte sie endlich wieder das »Kleptomanen-Lied« zum besten geben, so wie früher …

Doch der Krieg hatte sie verändert. Nichts war mehr wie früher. Sie trug nicht nur eine fremde Uniform in einem Land, das gerade besiegt worden war, sondern sie war selbst eine Fremde, fremd im eigenen Land. Wie dachten ihre Kollegen von einst wirklich über sie? Hielten sie sie vielleicht auch für eine »Verräterin«? Marlene hatte es hin und wieder gehört. Nie offen, nie laut, nie direkt. Aber gezischelt, hinter vorgehaltener Hand. Stand dieses Wort jetzt auch im Raum? Woher wußte sie eigentlich, daß sie ihnen wirklich trauen konnte? Hatte nicht ihre eigene Schwester mit den Nazis paktiert? Hatte nicht ihr Schwager versucht, sie zur Rückkehr zu überreden? Was hatten diese Freunde getan, auf welche Weise hatten sie sich an die Nazis, an Goebbels verkauft? Jeder von ihnen hatte gut gelebt, hatte Aufträge gehabt in einer Zeit, in der andere fliehen mußten.

Spät war es geworden, Marlene war müde und erschöpft. Morgen abend mußte sie wieder im Titania-Palast auf der Bühne stehen und für die GIs singen. Sie verabschiedete ihre Freunde, versprach, in Kontakt zu bleiben. Als sie allein war, rauchte sie eine letzte Zigarette und summte eine Melodie aus alten Berliner Zeiten:

> Wer das Scheiden hat erfunden,
> hat an Liebe nie gedacht,
> sonst hätt' er die schönste Stunde
> bei der Liebe zugebracht.

Ein Marschall wird gerügt

Marlene trifft Georgi K. Schukow

September 1945. Im sowjetischen Hauptquartier in Berlin-Karlshorst, wo ein halbes Jahr zuvor die Kapitulationsverein-barungen für Deutschland unterschrieben worden waren, herrschte helle Aufregung: Marlene Dietrich wollte Marschall Schukow besuchen. Die Nachricht hatte sich wie ein Lauffeuer in der ehemaligen Pionierschule der deutschen Wehrmacht verbreitet. Noch am Morgen war ein allgemeines Großreinemachen angeordnet worden, und die Kantine fuhr das Beste auf, was auf die Schnelle zu finden gewesen war: Teure Konditorkuchen und feinster georgischer Tee standen sorgfältig arrangiert auf kleinen Beistelltischchen im Zimmer des Marschalls bereit. Und natürlich gab es auch Wodka, denn Marlene war die russische Lebensart nicht fremd, schließlich hatte sie in ihrer Jugend oft Kontakt zu den russischen Emigranten in Berlin gehabt. Dabei lernte sie, wie man russische Gerichte kocht – und wie man Wodka trinkt. »Wodka gehört zu den gesunden alkoholischen Getränken«, pflegte sie zu sagen.

Überall auf den Fluren und im Hof lungerten Offiziere und Soldaten herum, um ja nichts zu verpassen. Selbst der Marschall lief enerviert die Gänge entlang. Immerhin kam es nicht alle Tage vor, daß ein Hauch von Hollywood in eine russische Kaserne wehte.

Plötzlich hallten einzelne Pfiffe und Rufe von Stockwerk zu Stockwerk – sie war da. Ein blonder amerikanischer Officer in maßgeschneiderter Uniform und mit atemberaubenden Beinen entstieg dem amerikanischen Jeep, schritt über den Hof, die Flure entlang, vorbei an grinsenden Soldaten und Offizieren, die neugierig die Hälse reckten, sich schubsten und drängelten. Ein Filmstar so nah, zum Anfassen nah, das mußte man gesehen haben.

Die Dietrich kannte diese ganz bestimmten Blicke, da waren sie alle gleich, die Jungs, egal, ob Amerikaner oder Russen. Und es machte ihr auch hier Spaß, denn sie liebte »die Russen wegen ihres Sinns für Humor, ihrer leidenschaftlichen Seelen, ihrer so gar nicht bürgerlichen Herzen«. Die oft noch kindlichen Gesichter der Soldaten stimmten sie milde. Dem einen oder anderen schenkte sie ein Lächeln, eines von denen, die man nie vergißt.

Auch Marschall Schukow war für Marlenes Schönheit empfänglich. So strahlend und aufgeräumt hatten ihn seine Offiziere lange nicht erlebt. Als er von ihren Vermittlern um ein Gespräch gebeten worden war, hatte er zunächst abgelehnt: Was sollte er mit einer deutschen Schauspielerin besprechen? Aber dann hatte er von Marlenes Weltruhm als Filmstar und von ihrem Fronteinsatz gegen Hitler gehört – und das hatte ihn neugierig gemacht.

Schukow stellte Marlene seinen Adjutanten, einen Oberst und den Übersetzer Michail Woslenski, der dem Autor den Verlauf dieses Treffens später erzählte, vor. Er hatte keine Ahnung, was Marlene von ihm erwartete, und war angenehm überrascht, als der Gast erst einmal ausführlich die Tapferkeit und den Heldenmut der Roten Armee lobte, die sich große Verdienste bei der Befreiung Berlins erworben habe. Die Dame schien Verstand zu haben.

Zuvorkommend zeigte er auf das Beistelltischchen, bat Marlene, sich zu bedienen, und schenkte ihr ein Glas Wodka ein: »Nix Gitler! Es lebe der Frieden!« Wie ihre Gastgeber, so trank auch Marlene die »Sto Gramm«, ohne mit der Wimper zu zucken, in einem Zug aus. Dann kam sie auf den eigentlichen Grund ihres Besuchs zu sprechen: »Meine Schwiegereltern, die bereits hochbetagt sind, befinden sich in einem Umsiedlerlager, das in der sowjetischen Besatzungszone in Thüringen liegt.« Sie hielt kurz inne, um den Dolmetscher in Ruhe übersetzen zu lassen, dann fuhr sie fort: »Ich möchte sie nach Berlin holen, damit ich mich besser um sie kümmern kann.« Darin sah der Marschall kein Problem. Fürsorglich erkundigte er sich nach den näheren Umständen, unter denen die beiden alten Leute lebten, und gab seinem Adjutanten die

Das sowjetische Hauptquartier in Berlin-Karlshorst

Anweisung, daß die Angelegenheit schnellstmöglich nach den Wünschen des Gastes geregelt werden solle.

Freundlich bedankte sich Marlene und bat ihn darum, noch ein weiteres Anliegen vorbringen zu dürfen. Schukow nickte lächelnd. »Allerdings«, fuhr sie fort, »betrifft dies nicht allein mich selbst oder Verwandte von mir.« Schukow wechselte einen Blick mit dem Oberst. War diese schöne blonde Frau doch in amerikanischem Auftrag hier? »Es geht mir um Ihre Rote Armee und deren Verhalten gegenüber der Berliner Bevölkerung.« Sollte das eine Kritik werden? Der Marschall lächelte nun nicht mehr.

Marlene, der dieser Stimmungswechsel nicht entging, ließ sich nicht aus der Ruhe bringen. »Immer wieder«, fuhr sie, heftiger werdend, fort, »sind mir Berichte von Übergriffen der Roten Armee zu Ohren gekommen, von Vergewaltigungen, Überfällen und Raub, insbesondere von Uhren und Fahrrädern, und sogar von Morden ist dabei die Rede gewesen. Und leider sind das keine Einzelfälle. Diese Verbrechen gegen die Zivilbevölkerung haben mittlerweile ein Ausmaß erreicht, das dem Ansehen der Sowjetarmee schadet.« Schukow erstarrte. Marlene ahnte, daß ihr nicht mehr viel Zeit blieb: »Wenn es nicht gerade alte Bekannte und Freunde gewesen wären«, sprach sie schnell weiter, »von denen ich diese Dinge erfahren mußte, hätte ich sie wahrscheinlich nicht geglaubt. So aber bin ich gezwungen, diese Vorkommnisse zur Sprache zu bringen.« Sie schaute dem Marschall direkt in die Augen. »Ich bitte Sie inständig, Ihren Einfluß und Ihre Autorität geltend zu machen, damit dies ein Ende hat.«

Schukows Gesicht war hochrot angelaufen. Was erlaubte sich diese Schauspielerin eigentlich? Wütend polterte er los: »Da hat man Ihnen ja prächtige Lügen aufgetischt! Das sind doch alles Propagandamärchen, merken Sie das nicht?« Der Dolmetscher, der versuchte, den rüden Ton etwas abzumildern, wurde sichtlich nervös. Doch Marlene ließ sich nicht einschüchtern: »Meine Freunde lügen mich nicht an, Mister Schukow!«

»Die Deutschen haben so viele Verbrechen am Sowjetvolk begangen«, schaltete sich nun der Oberst ein, »daß sie nur wenig Grund zur Beschwerde haben, wenn einem von ihnen jetzt mal eine Uhr abgenommen wird.« – »Es geht hier nicht um eine Uhr«, wurde Marlene nun ihrerseits wütend, »sondern um tausende Vergewaltigungen von Frauen und andere Verbrechen, die durch nichts zu entschuldigen sind, auch nicht durch die Verbrechen der Nazis. Denn jetzt ist kein Krieg mehr, und die Verantwortung für die Deutschen haben die Alliierten. Sie müssen jetzt beweisen, daß sie besser sind als die Nazis. Die amerikanischen, britischen und französischen Soldaten tun dies, und ich hoffe sehr, daß sich die sowjetische Seite ebenfalls ihrer Verantwortung bewußt ist!«

Das war zuviel für Marschall Schukow. Abrupt stand er auf und bedeutete Marlene, daß er das Gespräch als beendet betrachtete. Kühl nickte er ihr zum Abschied zu und begleitete sie nicht einmal zur Tür. Marlene nahm diese Unhöflichkeit gelassen zur Kenntnis. Immerhin hatte man sie ausreden lassen – und das war das wichtigste.

Wie der damalige Dolmetscher und spätere Autor des 1991

Marschall Georgi K. Schukow bei der Unterzeichnung der Kapitulationsvereinbarung am 8./9. Mai 1945, links neben ihm Außenminister Andrej J. Wyschinski

erschienenen Buches »Nomenklatura«, Michail Woslenski, berichtete, ist ihm dieses denkwürdige Gespräch zwischen Marlene Dietrich und Schukow in lebhafter Erinnerung geblieben. Schukow habe danach alle kommandierenden Offiziere zu sich beordert und sofort härtestes Durchgreifen befohlen, damit die Ehre der Roten Armee nicht weiter beschmutzt würde. »Wir dürfen in der Verantwortung gegenüber der deutschen Bevölkerung den Westmächten in nichts nachstehen.«

Marlene konnte stolz auf sich sein. Immerhin war sie eine der wenigen Deutschen, die dank ihrer weltweiten Berühmtheit und ihrer Leistungen während des Krieges überhaupt in der Lage waren, dem Oberbefehlshaber der sowjetischen Besatzungsmacht die Verbrechen, insbesondere gegenüber den Frauen, vorzuhalten und dies auch getan hat. Niemand hätte ihr Vorwürfe machen können, wenn sie nichts gesagt hätte. Sie hatte sicherlich am wenigsten Anlaß, sich bei den Sowjets zu beschweren. Aber sie tat es!

Imagepflege für Deutschland

»Ich werde immer Deutsche sein«

Paris 1963, im Palais de Chaillot. Immer wieder muß Marlene auf die Bühne. Der Applaus will nicht enden. Im Publikum sitzt auch General Charles de Gaulle. Er ist offensichtlich beeindruckt. Was für eine chansonnière – und das mit über sechzig! Begeistert steht er auf und klatscht ihr stürmisch zu. Sie kennen einander seit dem Krieg. Langsam und tief verbeugt Marlene sich vor de Gaulle. Dann richtet sie sich auf. Beide lächeln.

Marlene war von ihrem damaligen Geliebten Jean Gabin mit de Gaulle bekannt gemacht worden. 1940 hatte sie als eine der ersten überhaupt de Gaulles militärische Gruppierung von den USA aus finanziell unterstützt. Irgendwo in Nordafrika muß es gewesen sein, als sie ihm dann zum ersten Mal die Hand schüttelte. Damals hatte sie von Gabin schon viel von dem Gegner Marschall Pétains gehört.

Das erste Nachkriegsjahr verbrachte Marlene in Paris. Dort drehte sie ihren einzigen gemeinsamen Film mit Jean Gabin: »Martin Roumagnac«, der an den Kassen floppte und die ohnehin angespannte Beziehung zwischen beiden verschärfte; denn Marlenes Liebesleben war wie immer abwechslungsreich und dramatisch.

In Paris hatte sie endlich auch die Gelegenheit, General de Gaulle, der 1958 Präsident der Republik Frankreich geworden war, etwas näher kennenzulernen. Beide hegten große Sympathie füreinander – nicht nur, weil sie auf der gleichen Seite der Front gekämpft hatten. Immerhin hatte Marlene schon als junges Mädchen im Ersten Weltkrieg gegenüber französischen Gefangenen gezeigt, wie verbunden Sie sich Frankreich fühlte – und de Gaulle dürfte von ihrer rührenden Geste gehört haben.

Eine Zeitlang haben sie sich nach Berichten Jacques Montiers, eines engen Vertrauten und Mitarbeiters der französi-

122

schen Militärregierung in Berlin, der als junger Offizier zum Stab de Gaulles gehört hat, häufiger getroffen, ohne daß dies an die Öffentlichkeit gelangte. Aus möglicherweise verständlichen Gründen schwieg sich auch de Gaulle weitgehend darüber aus. Teil ihrer Gespräche war sicher die Zukunft Deutschlands und welche Rolle dabei insbesondere Berlin spielen könnte.

Eines der Treffen zwischen dem Hollywood-Star und dem Politiker hat um 1946 in Meudon, im Haus des französischen Bildhauers Auguste Rodin, stattgefunden, das heute ein berühmtes Museum ist. Die Landschaft um Meudon, dessen Küche überregional bekannt ist, prägen sanfte Hügel, Wälder und malerische Dörfer. Auf dem Weg dorthin waren beide entlang der Seine von Landgasthof zu Landgasthof gezogen.

Das wußte Jahrzehnte später auch Präsident Lionel Jospin zu schätzen, der den deutschen Bundeskanzler Gerhard Schröder bei dessen erstem offiziellen Frankreich-Besuch nach Meudon einlud. Dies hatte durchaus symbolischen Charakter: So erfuhr Schöder nicht nur, daß sich hier bereits vor dem Ersten Weltkrieg Auguste Rodin und Rainer Maria Rilke, der damals als Sekretär bei Rodin arbeitete, um eine Symbiose der französischen und der deutschen Kultur bemüht hatten, sondern daß auch Marlene und de Gaulle in dieser Tradition standen. Marlene habe dank ihres Engagements bei de Gaulle viel für die Verbesserung der kulturellen Beziehungen beider Länder getan.

Vermutlich war der Treffpunkt von de Gaulle einst bewußt gewählt worden. Hinzu kam sicher, daß sowohl de Gaulle als auch Marlene Dietrich ausgesprochene Kenner und Verehrer Rainer Maria Rilkes waren. Vielleicht wurden in diesen Gesprächen sogar die Grundlagen für die bald darauf einsetzende politische Annäherung zwischen Adenauer und de Gaulle gelegt. Zweifelsohne ging es zwischen de Gaulle und Marlene vor allem um Berlin, das wieder kultureller Mittelpunkt Deutschlands werden sollte. Marlenes Berlin-Begeisterung wird den Franzosen nicht kaltgelassen haben.

Acht Jahre später – Marlene war wieder in die USA zurückgekehrt – führte sie zum zehnten Jahrestag der Befreiung Frankreichs die Siegesparade der Alliierten Siegermächte über die Champs-Élysées an. Zwanzig Nationen – darunter natürlich maßgeblich Frankreich unter de Gaulle – waren sich über diese symbolträchtige Ehrung der Schauspielerin einig.

Das hatte es vorher noch nie gegeben: eine Frau an der Spitze einer solchen Parade. Während auf deutscher Seite dies als eine »weitere Bestätigung ihres Verrats an Deutschland« gesehen wurde, machte de Gaulle auf diesem Weg aller Welt klar, wie hoch er das Engagement Marlenes im Krieg und in den Jahren danach einschätzte. Dennoch nahmen die Franzosen Marlene später nicht als Antifaschistin, sondern nur als Sängerin und als Deutsche wahr. Und das, obwohl sie auch später nie wieder so konsequent diese einmalige Kombination aus Liebe, Kultur und Politik ins Spiel brachte wie in diesen Jahren.

Auch in Amerika begann Marlene Ende der vierziger Jahre verstärkt auf ihre Heimat Berlin aufmerksam zu machen.

Ein Rundfunkstudio in New York: Die Techniker sind bereits früh versammelt, denn der Star ist gewöhnlich pünktlich. Freundlich grüßend, ein wenig angespannt, betritt Marlene die Aufnahmeräume. Es ist alles bereit: das Klavier, die Noten, die Mikrofone, die Aschenbecher. Noch einige kurze Absprachen, dann leuchtet die rote Lampe – Achtung! Aufnahme! Bitte nicht stören!

Ich bin von Kopf bis Fuß auf Liebe eingestellt,
denn das ist meine Welt
und sonst gar nichts.
Das ist, was soll ich machen, meine Natur:
ich kann halt Liebe nur
und sonst gar nichts.

Marlene singt auf deutsch. Ihre rauchige Stimme erfüllt das Studio. Knapp fünfzig ist sie jetzt, vor kurzem Großmutter geworden, und immer noch in Hochform. Ihre Erotik ist sub-

Marlene Dietrich an der Spitze der Siegesparade zur Erinnerung an die Befreiung von Paris, 1954

tiler, sanfter geworden und doch unwiderstehlich wie eh. Spontaner Applaus. Sie hat den Besitzer des Plattenstudios, Mitch Miller, und das Team überzeugt. Marlenes Anspannung löst sich. Sie freut sich aufrichtig – eine gute Voraussetzung für den sicher noch anstrengenden Tag, der vor ihnen liegt. Denn Marlene läßt sich nicht hineinreden in ihre Arbeit, stets bestimmt sie, was getan wird, gibt das Tempo vor. Sie arbeitet hart an sich, zwingt sich und andere zu Disziplin und Genauigkeit, verlangt Mitdenken. Was sie ungeduldig macht, »ist Dummheit bei der Arbeit, wenn die Leute nichts von ihrer Arbeit verstehen«. Perfektion ist alles. Wenn sie guter Stimmung ist, fällt die Zusammenarbeit leichter.

Zunächst war man hier nicht begeistert gewesen, Schallplatten mit deutschen Liedern zu produzieren, doch Marlene hatte dem Studioboß unmißverständlich klargemacht, wie wichtig diese Mission für die zukünftigen Beziehungen zwischen Amerika und Deutschland sei. Deutschland sei nicht identisch mit Nazideutschland. Lieder aus ihrem Berlin-Repertoire schienen ihr am geeignetsten, verständliche Aversionen der Amerikaner gegenüber Deutschland abzubauen.

Das war nicht das einzige Engagement für ihre Heimat. Wo immer sie konnte, half sie, unterstützte sie. Obwohl es ihr aufgrund hoher Steuernachzahlungen finanziell nicht gut ging damals, schickte sie Geld nach Deutschland, oft an unbekannte Bittsteller, denn die Bilder der zerstörten Heimat ließen sie nicht mehr los. »Loyalität sollte eines der zehn Gebote sein«, wurde ihr heimlicher Leitspruch für den Rest ihres Lebens.

Berlin war auch Thema eines Films, den Marlene in dieser Zeit mit Billy Wilder drehte: »A Foreign Affair«, der an den »Blauen Engel« anknüpfte. Die Geschichte über die Überlebensstrategien der Menschen in der Nachkriegszeit wurde aber vollständig in den USA gedreht. Marlene war für die Rolle der Ex-Nazisängerin Erika von Schluetow als gebürtige Deutsche bestens geeignet und dabei moralisch unbedenklich – konnte sie selbst doch auf eine einwandfreie politische Vergangenheit zurückblicken und gleichzeitig besser als jede andere den deutschen Frauentyp verkörpern.

Marlene arbeitete gern mit Wilder. Sie bezeichnete ihn als einen »Baumeister, der sein Handwerkszeug kennt und kunstvoll benutzt, um das Gerüst zu zimmern, an das er die Girlanden seines Witzes und seiner Weisheit hängt«. Besonders schätzte sie an ihm, daß er Herausforderungen liebte, »die ihm Anlaß boten, sich selbst zu übertreffen« – ein Charakterzug, der ihr selbst sehr vertraut war. Auch ihr alter Freund und Kollege Friedrich Hollaender war mit von der Partie und gab ihr Gelegenheit, ihr musikalisches Berlin-Repertoire zu erweitern. Am Klavier, mit einer Zigarette im Mundwinkel, begleitete er Marlene zu den Chansons »Illusions«, »Black Market« und »Ruins of Berlin«.

Die Dreharbeiten waren alles andere als einfach. Das Team am Set verstand sich nicht besonders gut, auch hatte man berechtigte Sorgen, ob das Thema später beim Publikum Anklang finden würde. Und in der Tat fand der fertige Film nur bedingt Anerkennung. »Marlene Dietrich war immer am besten, wenn sie in sarkastischen Komödien oder im Glamour der Halbwelt brillieren konnte«, stellte *Time* nach der Premiere fest, »und wenn dieser Film gelungen wäre, könnten wir sie sicher auch diesmal in einer Glanzrolle sehen.«

Das Hauptproblem bei den Dreharbeiten war Marlene selbst: Vielleicht motiviert von ihrer neuen Rolle als Großmutter, flirtete sie mit allen Männern am Set und brachte so nicht nur die weiblichen Kollegen gegen sich auf. Bei der Arbeit jedoch war die »Dietrich wie ein Soldat«, lobte Wilder sie, der stets zu seinem Star stand, »hervorragend diszipliniert und hilfsbereit allen gegenüber«.

Ihre fast sprichwörtliche Hilfsbereitschaft stellte Marlene auch 1948/49 während der sogenannten »Berliner Blockade« durch die russischen Besatzer unter Beweis. Nachdem Amerika, Frankreich und England im Juni 1948 in den westlichen Sektoren die D-Mark eingeführt hatten, reagierte die Sowjetunion mit einer »Großblockade zu Wasser und zu Lande«. Sämtliche existenznotwendigen Personen- und Gütertransporte wurden wegen angeblicher »technischer Schwierigkeiten« unterbrochen, die Strom- und Kohlelieferung wegen »Kohlemangels« eingestellt. Daraufhin starteten die USA un-

ter General Lucius D. Clay das bis dahin größte Lufttrans-
portunternehmen: die englisch-amerikanische Luftbrücke.
 Während die Berliner von den sogenannten »Rosinenbom-
bern« versorgt wurden, verfolgte Marlene aufmerksam sämtliche Berichte und dachte mit Sorge an ihre Heimatstadt und
deren Bewohner.
 Über Wilder lernte sie in dieser Zeit Ronald Reagan und
dessen Frau Nancy kennen. Mit beiden sollte Marlene eine
lebenslange Freundschaft verbinden. Der spätere Präsident
der Vereinigten Staaten war damals noch Schauspieler und
Gewerkschaftsvertreter für Filmleute und hatte die Bedeutung Berlins nach 1945 im Ost-West-Konflikt klar erkannt.
Nach Berichten John Dimsdales und Ben Schmitz', zweier
CIA-Agenten, vermittelte er deshalb immer wieder Gespräche zwischen Marlene und amerikanischen Senatoren aus
dem demokratischen und republikanischen Lager, an denen er
selbst jedesmal teilnahm. Er unterstützte ihre Forderung,
Berlin unter keinen Umständen aufzugeben. Als die Sowjets
die Blockade am 12. Mai 1949 beendeten, hatte die Luftbrücke aus Siegern und Besetzten Verbündete gemacht.
 Die Senatoren waren bei den Gesprächen mit Marlene
sichtlich beeindruckt, mit welcher Verve sie sich für Berlin
einsetzte, auch was die Höhe der Gelder für den sogenannten
Marshallplan, mit dem die USA den wirtschaftlichen Wiederaufbau Europas förderte, betraf. In ihrer unnachahmlichen
Art hatte sie ihnen klargemacht, daß nicht die Berliner die
Nazis nach Berlin geholt, sondern daß die Nazis Berlin als
ihre »Hauptstadt« mißbraucht hätten. Diese Unterstützung
des Naziregimes wäre unter den Berlinern sehr viel geringer
gewesen als anderswo in Deutschland. Aber nun sei der Krieg
vorbei – und da müßten die USA alles tun, um Berlin zu helfen. Immerhin hätte sie selbst auch alles getan, um die Amerikaner dabei zu unterstützen, den Sieg über Nazi-Deutschland
zu erringen – sogar unter lebensgefährlichen Umständen an
der Front.
 Einer der demokratischen Senatoren, Edward Murrow, der
später eine wichtige Rolle in der Auseinandersetzung mit dem

Marlene Dietrich und Adlai Stevenson in Los Angeles

Kommunistenjäger McCarthy spielte, wurde ein enger Freund Marlenes, ebenso der spätere US-Präsidentschaftskandidat Adlai Stevenson. Mit beiden verband sie eine erotische Beziehung, was ihren politischen Ambitionen sicherlich förderlich war. Adlai stand ihr besonders nahe. Er wiederum empfand »Miss Dietrichs Vertrauen und Aufmunterung« in einem Brief vom 30. April 1952 als »herzerquickend und ermutigend« und versicherte ihr, das sei für ihn »wirklich von großer Bedeutung«. Acht Jahre später hatte ihre Korrespondenz einen zärtlicheren Ton angenommen: »Meine liebe Marlene, Deine Anrufe haben mich sehr gefreut. Ich bin geschmeichelt und dankbar – und alles, um was ich jetzt bitte, ist, daß Du eine Deiner Reisen quer durch das Land für einen Besuch bei mir unterbrichst. Bitte gib mir so früh wie möglich Bescheid, zu welchen Terminen Du kannst. In Liebe, Dein Adlai.«

Marlenes zahllosen Amouren sind berüchtigt, auch oder gerade weil sie wenig darüber sprach, geschweige denn schrieb, nicht einmal in ihren Memoiren – obwohl ihr die Verlage gerade dafür Unsummen als Vorschuß geboten hatten. Daß sie dabei eine Affinität zu Berühmtheiten oder zumindest einflußreichen Menschen hatte, liegt in der Natur der Sache. Schließlich hatte sie täglich mit ihnen Umgang. Ihrer erotischen Ausstrahlung konnten nur wenige Männer widerstehen. Und wenn es ihr paßte, nutzte sie diese auch für Dinge, die ihr wichtig erschienen, nicht selten für andere Menschen. Das war *ihre* Politik.

1959 trat Marlene im Rahmen einer Welttournee in Tel Aviv auf und sorgte bei der Ankündigung, sie werde auch einige Lieder in deutscher Sprache singen, für Aufregung. Der Journalist Karl-Heinz Meier, damals Chef der Deutschen Welle in Berlin, hatte sie in Tel Aviv kennengelernt und ihren Auftritt miterlebt.

Im Vorfeld ihrer Show war Marlene vorgehalten worden, daß Deutsch die Sprache Hitlers gewesen sei und daß man nicht gewillt sei, diese Sprache in Israel zu hören. Vor mehr als zweitausend Zuschauern verteidigte sie daraufhin in einer leidenschaftlichen Rede ihre Muttersprache: Was wäre die Weltliteratur ohne Luther, ohne Dichter wie Goethe, Heine und Rilke, ohne Schriftsteller wie Erich Maria Remarque, Thomas Mann oder Carl Zuckmayer? Hitler habe die deutsche Sprache mißbraucht. Wenn das Heiligtum eines Volkes aber besudelt würde, so bleibe es dennoch ein Heiligtum. Sie jedenfalls sei stolz auf die deutsche Sprache, und sie habe durch ihren

Einsatz gegen die Nazis schließlich bewiesen, daß man sie frei halten könne von den Verunglimpfungen eines Hitler. Und als sie dann einige Berliner Lieder im waschechten Dialekt sang, hatte sie ihr Publikum, darunter viele ehemalige Berliner, restlos überzeugt. Die Show wurde ein grandioser Erfolg. Mit dem Berliner Dialekt, sagte sie nach dem Auftritt zu dem langjährigen Jerusalemer Bürgermeister Teddy Kollek, kann man, wenn es darauf ankommt, die ganze Welt gewinnen.

Betteln mit Charme

Gelder für das Hansaviertel

Vom Bahnhof Zoo fährt die S-Bahn durch den Tiergarten Richtung Friedrichstraße. Das einundzwanzigste Jahrhundert ist erst wenige Wochen alt. Die Berliner lesen, nur wer fremd ist in der Hauptstadt, blickt noch aus dem Fenster: abgehackte Häuserfronten mit frei stehenden Brandmauern, hellgelb leuchtende, frisch restaurierte Jugendstilfassaden mit blumenreichen Balkons, Hinterhöfe. Plötzlich ändert sich die Szenerie: Mitten in einem Park stehen Hochhäuser, Einfamilienhäuser, Schulen und Kirchen, eine Kongreßhalle – das Hansaviertel, eine Stadt im Grünen. Kein Haus gleicht dem anderen, Farben und Formen variieren, irritieren. Einige von ihnen muten hochmodern an, andere eher bieder. Große Namen stehen im Reiseführer: Alvar Aalto, Walter Gropius, Pierre Vago, Oskar Niemeyer oder Hans Schwippert. Gemeinsam mit anderen weltbekannten Architekten haben sie sich hier während der Internationalen Bauausstellung, der sogenannten Interbau, Ende der fünfziger Jahre ein Denkmal gesetzt. Mit ihren avantgardistischen Entwürfen dokumentierten sie damals die »Gestaltungskraft der freien Welt in der Vielfalt ihrer Erscheinungsformen«: so der achtgeschossige Wohnblock des Finnen Aalto oder das Haus von Günther Gottwald, das mit verschiebbaren Wänden für Furore sorgte; Gropius' geschwungene Hochhauszeile oder die farbigen Fassaden des Franzosen Vago.

Das Hansaviertel, ein einstmals beliebter bürgerlicher Stadtteil, im Krieg fast völlig zerstört, sollte zum Symbol für Berlins Erneuerungswillen werden. Hatten doch hier einst Berühmtheiten wie der Maler Hans Baluschek, der Secessions-Gründer Walter Leistikow oder der Theaterkritiker Alfred Kerr gelebt. Sogar Lenin hatte hier 1895 für zwei Monate als Untermieter in der Flensburger Straße logiert. Doch 1945 war nichts mehr übrig von dem alten Stadtteil, lediglich das ehemalige Haus

des Malers Max von Rüdiger stand noch. Es hatte den Groß-
brand nach dem Bombardement überlebt.

Knapp zehn Jahre später fanden im Berliner Senat erste
Diskussionen statt, was mit der grünen Insel mitten im Stadt-
gebiet geschehen sollte. Immerhin handelte es sich um eine
der besseren Wohnlagen Berlins. Die Stadt brauchte moderne
Akzente, da war man sich einig. Was für eine Gelegenheit, das
größte Trümmerfeld Berlins dem Einfallsreichtum der besten
Architekten der Welt zu überlassen, damit die Stadt wieder
Anschluß an die internationale Moderne fand. Anlaß sollte
die Internationale Bauausstellung sein, die 1957 in Berlin aus-
gerichtet wurde. Zwei Jahre hatten Gartengestalter, Architekten und Bauunternehmer Zeit, ihre Pläne zu verwirklichen.
Der Wiederaufbau wurde in einem Wettbewerb als »eine in die
Parklandschaft eingegliederte aufgelockerte Bebauung« fest-
geschrieben und lockte achtundvierzig Architekten aus drei-
zehn Ländern in die geteilte Stadt.

Vorangegangen waren jahrelange Anstrengungen um die
erforderlichen finanziellen Mittel, die weder der Senat in Berlin noch die Bundesregierung in Bonn zur Verfügung stellen
konnten. Die einzige Möglichkeit, das ehrgeizige Projekt zu
realisieren, bestand deshalb darin, zusätzliche Gelder aus den
USA im Rahmen des Marshallplans zu erhalten. Ein Fall für
Marlene Dietrich, meinte der damalige Berliner Wirtschaftssenator Paul Hertz, wie sich Walfried Peters, in jenen Jahren
Chef der Berliner Wohnungs-Kreditanstalt, erinnert. Hertz,
vor Januar 1933 Sekretär der sozialdemokratischen Reichs-
tagsfraktion, war unmittelbar nach der Machtergreifung der
Nazis in die USA emigriert. Dabei hatte er wie viele andere
Marlenes Hilfe in Anspruch genommen, die ihn auch bei seinen Unternehmungen für die American Guild finanziell unterstützt habe. Während des Krieges stand Hertz in regelmäßigem Kontakt mit ihr.

Nach Kriegsende holte ihn der damalige Berliner Bürgermeister Ernst Reuter an die Spree zurück, wo er ab den fünfziger Jahren Bevollmächtigter für die Marshallplangelder, die
für Berlin zur Verfügung gestellt wurden, war. Die SPD er-

nannte ihn daraufhin zum Wirtschaftssenator. So fiel es ihm leicht, sich auch jetzt, in seiner neuen Funktion als Berliner Politiker, wieder an Marlene zu wenden, um sie über den geplanten Wiederaufbau des Hansaviertels und die damit verbundenen Finanzengpässe zu informieren.

Hertz reiste nach New York. Er wußte selbstverständlich um Marlenes Engagement für Berlin, und er war sicher, daß sie etwas unternehmen würde. Er irrte sich nicht. Marlene gefiel die Idee, ein Stück Avantgarde in ihre Heimatstadt zu bringen. Dafür wollte sie gern ihre Kontakte nutzen. Geld sammeln – das konnte sie! Schließlich hatte sie während des Krieges Unsummen für das amerikanische Rüstungsprogramm aufgetrieben. Und jetzt also das Hansaviertel – ein Symbol für den Wiederaufbau in internationaler Zusammenarbeit. Gemeinsam mit Paul Hertz machte sich Marlene auf zur nächsten »Tour de Finances«.

Laut Paul Hertz hat Marlene mit Aufbietung all ihres Charmes in nur zwei Tagen eine siebenstellige Summe die Wall Street entlang »erbettelt«. Erstaunt registrierte er, wie diese nach wie vor unerhört erotische Frau scheinbar mühelos die Safes der größten Banken öffnete. Allerdings hatte die Sache noch einen Haken: Zwar stand das Geld für die Interbau in Berlin nun zur Verfügung, seine Verwendung in Europa – vor allem in Deutschland – konnte jedoch nur im Rahmen der Bestimmungen des Marshallplans erfolgen. Und dafür brauchte man die Zustimmung des damaligen US-Finanzministers George M. Humphrey in Washington. Marlene flog kurzerhand mit Paul Hertz nach Washington und bat um einen Gesprächstermin im Ministerium. Ihre guten Beziehungen zu zahlreichen Senatoren dürften ihr dabei geholfen haben. Wieder staunte Hertz, wie der Name Marlene Dietrich die Türen der mächtigsten Männer in Washington öffnete.

Der Finanzminister war außerordentlich freundlich, beharrte jedoch auf den Bestimmungen des Marshallplans und den Beschlüssen des Finanzausschusses im Kongreß – und die sahen für 1955/56 keine weiteren Mittel für Deutschland und Berlin vor. Marlene ließ sich von Bestimmungen und Be-

Das 16geschossige Punkthaus des Architekten Hans Schwippert am S-Bahnhof Tiergarten, 1957

schlüssen nicht entmutigen. Immerhin war ihr von seiten der Banken bestätigt worden, daß das Geld verfügbar ist. Und »Geld ist dazu da, daß es ausgegeben wird«. Marlene sprach aus tiefster Überzeugung, war sie doch selbst stets sehr großzügig mit ihrem persönlichen Vermögen umgegangen – was später erhebliche Folgen hatte: Im Alter, als sie kein Geld mehr verdienen konnte, war sie allein nicht einmal mehr in der Lage, die teure Miete für ihre Wohnung in Paris aufzubringen; ganz im Gegensatz übrigens zu ihrer Konkurrentin Greta Garbo, die zeit ihres Lebens als ausgesprochen geizig galt.

Doch der bedrängte Humphrey berief sich auf die Mitglieder des Finanzausschusses, denen er Rechenschaft abzulegen habe, da könne man nicht einfach einmal ein paar Millionen dazwischenschieben! Marlene setzte ihr bezauberndstes Lächeln auf: Dann werde sie ihn eben zu diesem Ausschuß begleiten, um ihm dort mit allen ihr zur Verfügung stehenden Mitteln zur Seite zu stehen. Diese Vorstellung belustigte den Finanzminister – darauf ankommen lassen wollte er es aber lieber nicht. Entwaffnet gab er im voraus das ersehnte O.K. für die Gelder. Paul Hertz hatte seine Mission erfüllt.

Humphrey habe dem Finanzausschuß anschließend von der eigenmächtigen Zustimmung weiterer Marshallplanmittel für Berlin berichtet und sich damit verteidigt, daß er durch ihre hinreißende Erscheinung schwach geworden sei – aber welcher Mann könne dieser Frau schon widerstehen? Der Ausschuß stimmte der Bewilligung nachträglich schriftlich zu.

Marlene war zufrieden, bat Paul Hertz jedoch – wie immer bei solchen Hilfsaktionen – um Stillschweigen. Ihr lag nichts an dieser Art Publicity. Und so wissen heute nur wenige, daß eines der berühmtesten Kinder Berlins maßgeblich am Wiederaufbau des Hansaviertels beteiligt war.

»Berlin bleibt frei!«

Den Politikern ins Gewissen reden

1959, zur Zeit des »Chrustschow-Ultimatums« – der sogenannten zweiten Berlinkrise –, suchte Marlene, die mittlerweile im Showgeschäft als Sängerin große Erfolge feierte, das
Gespräch mit allen ihr bekannten hochrangigen Politikern, damit sie sich für ihre Heimatstadt einsetzten. Der sowjetische
Präsident Chrustschow hatte von den West-Alliierten verlangt, Westberlin innerhalb von zwei Jahren zu verlassen und
als Freistadt in eine selbständige politische Einheit umzuwan-
deln. Er drohte, sonst nur einen einseitigen Friedensvertrag
mit der DDR zu unterschreiben. Viele Berliner fürchteten die
militärische Schutzlosigkeit und eine erneute Isolation und
verließen ihre Stadt, woraufhin die Grundstückpreise bis zu
30 D-Mark pro Quadratmeter nachließen und kuriose Vor-
schläge die Runde machten: So überlegte man kurzzeitig allen
Ernstes, Berlin in die Lüneburger Heide zu verlegen.

Am 1. Mai 1959 kam es auf dem Platz der Republik vor dem
Reichstag in West-Berlin zur größten freiwilligen politischen
Demonstration in Deutschland im zwanzigsten Jahrhundert.
Über eine Millionen Menschen forderten: »Berlin bleibt frei!«
Das war ihr einmütiges Motto, mit dem die Berliner unter
ihrem neuen Bürgermeister Willy Brandt die Sowjets zum
Nachgeben zwingen wollten. Marlene hoffte inständig, daß
die drei Westmächte – wie schon bei der Blockade zehn Jahre
zuvor – Berlin nicht im Stich lassen würden.

Wie von John Dimsdale und Ben Schmitz zu erfahren war,
wandte sich Marlene in ihrer Sorge um ihre Heimatstadt nicht
nur abermals an Adlai Stevenson und Edward Murrow, sondern auch an die beiden Kennedy-Brüder, die mittlerweile
ebenfalls Senatoren der Demokraten waren. Sie hatte den späteren Präsidenten John und den zukünftigen Justizminister
Robert bereits 1938 an der Côte d'Azur kennengelernt und
war seither in Kontakt mit der Kennedy-Familie.

Georges Pompidou bat Marlene ebenfalls um Unterstützung. Ihre Frankreich-Tournee im November 1959 nutzte sie, um mit dem Nachfolger von Charles de Gaulle über Berlin zu reden. Im begleitenden Programmheft zu ihrem Auftritt im Théâtre de l'Étoile brachte Jean Cocteau die Hilfsbereitschaft der Schauspielerin und Sängerin auf den Punkt: »Sie gehört zu den seltenen Menschen, die die Güte in Person sind, die nicht davor zurückschrecken, den Ozean zu überqueren, wenn es darum geht, behilflich zu sein.« Marlene legte übrigens mit ihren Gesprächen bei Pompidou einen Grundstein für eine lebenslange freundschaftliche Verbundenheit und stand mit dem Präsidenten über viele Jahre in regelmäßigem Briefkontakt. Noch 1972 erhielt sie eine offizielle Einladung zum Diner im Élysée-Palast,

Schließlich brachte Marlene auch Noël Coward, den britischen Schauspieler, Autor und Regisseur, dazu, seine Verbindungen zum Vorsitzenden der Labourpartei, Hugh Gaitskell, spielen zu lassen, um der britischen Regierung klarzumachen, daß die Westmächte sich keinesfalls aus Berlin zurückziehen dürften. Kurz: Marlene beschwor alle, die irgendeinen politischen Einfluß hatten, Berlin unter keinen Umständen aufzugeben.

Daß sie dabei offene Türen einrannte, störte sie übrigens nicht. Schon längst war die öffentliche Meinung in den USA, in Großbritannien und in Frankreich eindeutig für ein Festhalten der Westmächte an Berlin. Dennoch verspürte sie das dringende Bedürfnis, die Politiker noch einmal an ihre moralische Verpflichtung zu erinnern. Ihre Mission für Berlin war einzigartig – lediglich ihr Freund und späterer US-Präsident Ronald Reagan engagierte sich ähnlich intensiv für das Schicksal dieser Stadt.

Ihre guten Kontakte zur Familie Kennedy sollte Marlene wenige Jahre später noch einmal für eine Mission in Sachen Berlin nutzen. Im August 1961 war quer durch Berlin die Mauer gebaut worden. Für Marlene war das ein großer Schock. Als sie John F. Kennedy Silvester 1961/62 auf einer Party traf, ergriff sie die einmalige Gelegenheit, das Thema anzusprechen. Von Barbara Higgins, einer Vertrauten des Präsidenten, ist überliefert, daß Kennedy gegen den Mauerbau im ersten Moment kaum intervenierte.

Marlene hatte von Kennedys zögerlicher Haltung gehört, und in jener Silvesternacht bot sie all ihren Charme auf, um den Präsidenten von Berlins kultureller Bedeutung zu überzeugen. Während es für sie keine Frage war, daß Berlin wieder »Kulturhauptstadt der Welt« werden könnte wie in den zwanziger Jahren, war Kennedy eher skeptisch, schien doch die politische Lage Berlins alles andere als hoffnungsvoll. Doch Marlene ließ keine Skepsis gelten, wenn es um Berlin ging – das bekam auch der Präsident zu spüren. Da müsse sich der Westen eben anstrengen und den Sowjets Paroli bieten, indem zum Beispiel nach und nach alle westlichen Staatsoberhäupter die Stadt besuchten. Ob Kennedy denn schon einmal in Berlin gewesen wäre? Als dieser verneinte, riet sie ihm, das schleunigst nachzuholen. Ein berühmter Satz Marlenes, der ihrer Autobiographie später den Titel gab, soll just an jenem Abend gefallen sein. Auf Kennedys amüsierte Bemerkung über das große Engagement seiner Jugendbekanntschaft »civis Romanus sum« – sie hänge ja wie eine Römerin an ihrer Heimatstadt soll Marlene daraufhin ausgerufen haben: »Ich bin, Gott sei Dank, Berlinerin!«

Triumph der »Verräterin«

Comeback im Titania-Palast

Langsam erloschen die Lichter im Titania-Palast. Eben noch hatten Gerüchte über eine Bombendrohung für Aufregung gesorgt. Dann wurde es still. Welche Marlene würde sich den über tausend Besuchern – darunter Willy Brandt – heute zeigen? Eine aufpolierte Lola, eine gealterte Diva?

Es war der 3. Mai 1960. Vor dem Eingang des Kinos skandierten aufgebrachte Bürger »Marlene go home« und andere Sprüche. Transparente und selbstgebaute Schilder unterstrichen in Schönschrift die Parole. Auch Tomaten und Eier hatte man mitgebracht. Ein älterer Herr schwang drohend seinen Spazierstock über dem Kopf und brüllte, rot vor Wut: »Was hat denn diese Frau für Deutschland getan? Sie hat uns im Krieg mit der Waffe in der Hand bekämpft, das amerikanische Flintenweib.« Marlene hätte ihm antworten können, wie sie es schon so oft vor Journalisten getan hatte: »Kann sich niemand den Seelenkonflikt vorstellen, in dem man lebt, wenn die eigene Mutter in Berlin stündlich von amerikanischen Bomben bedroht ist und man dennoch hoffen muß, daß nicht die Deutschen diesen Krieg gewinnen müssen, ahnt das niemand in Deutschland? Glaubt wirklich jemand, blinder Haß gegen Deutschland habe mich angetrieben?« Aber hier in dieser aufgebrachten und gereizten Atmosphäre hätte ihr sowieso niemand zugehört. Einige der Störenfriede schienen tatsächlich zu allem entschlossen und machten Anstalten, mit Gewalt den Titania-Palast zu stürmen. Nur mit äußerster Mühe konnten Sicherheitskräfte sie von ihrem Vorhaben abhalten.

Bereits im Vorfeld ihrer Tournee hatte sich abgezeichnet, daß der Besuch ihrer alten Heimat nicht ganz unproblematisch verlaufen könnte. Es gab nicht wenige Menschen, die Marlene vor dieser Tournee gewarnt hatten. »Marlene, laß dir noch fünf Jahre Zeit, dann ist Deutschland vielleicht so weit, daß sie dir dann wieder in die Augen schauen können«, schrieb ihr ein alter Freund aus gemeinsamen Tagen in Berlin. Und ihr Manager hatte ihr dringend dazu geraten, durch eine geschickte PR-Kampagne ihre Rückkehr nach Deutschland vorzubereiten. Stolz, wie sie war, hatte sie alle Ratschläge in den Wind geschlagen; sie wollte endlich ihren Frieden mit der alten Heimat machen. Doch die warnenden Stimmen sollten recht behalten.

Allein der Tourneeplan hatte es in sich. Vorgesehen waren neben der Eröffnung im Titania-Palast Auftritte in Hamburg und Oldenburg, danach sollte es in Skandinavien weitergehen – in Stockholm und Göteborg; anschließend wieder zurück nach Deutschland mit Konzerten in Düsseldorf, Essen, Köln, Hannover, Wiesbaden, Zürich und Stuttgart. Als Schlußpunkt war ein Abend in München geplant. Ein echtes Mammut-Programm, das in den drei Wochen lediglich zwei Tage ohne Auftritt vorsah.

Kaum wurden die Tour-Daten bekanntgegeben, brach in Deutschland ein Sturm der Entrüstung los. Die Dietrich wagte sich noch hierher? Nachdem sie auf der Seite der Sieger gekämpft hatte? »Marlene marschierte an der Seite der Widerstandskämpfer und unversöhnlichen Feinde alles Deutschen über die Champs-Élysées und ließ sich feiern als Bekämpferin alles Deutschen«, hieß es bereits im März im *Badischen Tageblatt*. »Marlene zügelte ihre Zunge nicht, als das deutsche Volk längst begonnen hatte, sich aus Trümmern und Elend zu erheben und wieder Achtung in der Welt zu gewinnen. Es wäre für Marlene und für uns besser, sie bliebe dort, wo sie ist.«

Viele Deutsche erinnerten sich noch nur zu deutlich an die Bilder des blonden Filmstars in der amerikanischen Offiziersuniform. Was wollte diese Frau ausgerechnet in Berlin? Eine Mischung aus Bosheit, falsch verstandener Vaterlandsliebe und sogar Antisemitismus entlud sich auf Marlene: »Der jüdische Snob und der intellektuelle Mob werden sich vor Begeisterung über ihren Auftritt kringeln ... In die Kloake mit ihnen und ihren geschäftstüchtigen Smocks. Vaterlandsverräterin!« wütete ein anonymer Briefschreiber. »Schämen Sie sich nicht, als gemeine und schmutzige Verräterin nochmals deutschen Boden zu betreten? Sie gehören gelyncht, da Sie die elendste Kriegsverbrecherin sind!« Der Leserbrief einer Hausfrau aus dem Rheinland im Namen aller »deutschen Schwestern und Brüder« gab die Meinung vieler wieder, und auch die bezahlte Zeitungsanzeige eines Direktors der AEG Berlin, die einen »Offenen Brief« an die Schauspielerin enthielt, stieß vielerorts auf Zustimmung: »Gnädige Frau«, so konnte man dieser Tage bereits beim Frühstück lesen, »woher nehmen Sie eigentlich den Mut, in Berlin aufzutreten? Nachdem Ihr Benehmen während des Krieges doch alles andere als deutschfreundlich war. Wir für unseren Teil wünschen Ihnen, daß das Berliner Publikum Ihnen einen entsprechenden Empfang bereitet.«

Besonders schlimm trieb es die *Bild-Zeitung*, die mit der »Schlacht um Marlene« wochenlang ihre Auflage in die Höhe trieb. Gleich serienweise veröffentlichte sie Leserbriefe gegen den Berlin-Besuch Marlenes: »Das ist eine Unverschämtheit! Wir werden Sie gebührend empfangen«, drohte da ein entrüsteter Herr aus Hamburg, während ein anderer giftete: »Die Deutschen haßt sie, aber die harte Deutsche Mark liebt sie. Marlene, bleib draußen.« Und ein anderer aufrechter Bürger empfahl ihr gar, »wenn sie deutsche Volkslieder zu singen gedenkt, die französische Uniform anzuziehen, mit der sie 1944 an der Spitze alliierter Truppen in Paris einzog und sich das Kreuz der Ehrenlegion auf die Brust heften ließ«. Schließlich wurde die Hetzkampagne selbst eingefleischten *Bild*-Lesern zuviel, und sie forderten öffentlich, auch den zustimmenden Leserbriefen Platz einzuräumen – ein demokratisches Ansinnen, dem die Zeitung schließlich nachgeben mußte.

Marlene Dietrich selbst reagierte mit Humor auf die Schmutzkampagne: »Ich verstehe es nicht. Vor dem Krieg griff mich Göring an, weil ich Amerikanerin wurde. Nach dem Krieg griff die deutsche Presse mich an, weil ich nicht nach Deutschland gehen wollte. Und jetzt greifen sie mich an, weil ich hierher gekommen bin. Diese Logik begreife ich

So wurde Marlene 1960 bei ihrer ersten Deutschland-Tournee nach dem Krieg in Berlin empfangen

nicht.« Die Pressekonferenz im Hilton Hotel am Tag vor ihrem großen Auftritt im Titania-Palast absolvierte sie im schlichten dunkelbraunen Kleid, Handschuhe bis zur Armbeuge, einen breitkrempigen Hut tief ins Gesicht gebogen, entsprechend routiniert. Sie biederte sich nicht an, bat nicht um mildernde Umstände, heiter lakonisch, ohne eine Spur von Unsicherheit, gab sie bereitwillig Auskunft.

»Was an Marlene auffiel, war ein angenehmer Mangel an Sentimentalität«, bemerkte ein Journalist der *Welt*. »Die Befrager in dem Rudel von Zeitungsleuten, das ihr sofort anklebte, hätten gern ein paar weiche, berlinisch lokalpatriotische Äußerungen von ihr gedruckt. Sie hätten so gern mit klingender Schreibmaschine ein paar schulterklopfende Worte kolportiert. Marlene winkte ab. Die Träne im Knopfloch zeigte sie nicht. Dort trägt sie das Band der Ehrenlegion. Die Antworten, die sie gab, waren quick, kühl und erfrischend intelligent. Sie sei hier, um zu arbeiten. Basta. An Heimweh zu lutschen und an einer längst vergangenen Vergangenheit, weigert sie sich.«

Marlene ging es um einen Neuanfang. Sie wollte ihr Publikum von ihrer Kunst überzeugen, kein »go home«-Geschrei konnte sie davon abhalten. Mit ihrer preußischen Willenskraft nahm sie an jenem Abend im Titania-Palast den Kampf gegen Ressentiments, Vorurteile und falsche Erwartungen auf.

Als Marlene im schwarzen Frack und mit weißer Nelke am Revers die Bühne betrat, ging ein Raunen durch das Publikum. Man war erstaunt, hatte vielleicht mit einer demütigeren Haltung gerechnet, mit Zeichen der Aufregung, vielleicht auch mit ein wenig Angst vor dem deutschen Publikum – aber vor allem ganz sicher nicht mit nahezu jugendlicher Lebendigkeit! Sie war immer noch sehr attraktiv und hatte in all den Jahren ihre besondere erotische Ausstrahlung nicht verloren. Zugegeben, ihre Gesichtszüge waren härter geworden, und an Hals und Händen konnte man bei genauem Hinsehen ihr wahres Alter erkennen. Aber dennoch – der alte Zauber war plötzlich wieder da: »diese Faszination einer Frau von Welt, von Geist, von Seele«, bei der »das Wunder der Erscheinung fast noch hinter dem Wunder der Leistung und dieses hinter dem Wunder der Persönlichkeit« zurücktritt. Sie war eine Legende.

Mit einer langen, tiefen Verbeugung – vollkommen und von größter Anmut – ehrte sie ihr Berliner Publikum. Zögernd erst, dann kräftiger setzte der Applaus ein. Klug wählt sie als erstes Lied jenes, das sie vor dreißig Jahren über Nacht weltberühmt gemacht hatte: »Ich bin von Kopf bis Fuß auf Liebe eingestellt«. Die Berliner jubelten – ihre Marlene war wiedergekommen, so schön, so rätselhaft wie damals. Ihre Stimme war dunkler geworden und interessanter, das Timbre ging unter die Haut – niemand wäre auf die Idee gekommen, hier mitzuschmettern! Auch ihre Art, das Huren-Lied zu singen, hatte sich verändert. Die kleine freche Lola von einst war zu Femme fatale gewandelt, einer Erzbuhlerin und Verführerin. Das Mikrofon umklammernd, die Augenlider gesenkt, den schmalen Körper beinahe unbewegt, brachte die knapp Sechzigjährige den Saal zum Knistern. Fast dreißig Jahre nachdem sie das Lied

Marlene Dietrich wird vom Regierenden Bürgermeister Berlins, Willy Brandt, empfangen, 1960

zum ersten Mal gesungen hatte, war der Zauber ungebrochen. »... von Kopf bis Fuß weiblicher Dandyismus« sei ihre Show gewesen, erinnerte sich ein Zeitzeuge, »fern jener öden Frivolität, mit der Revuestars im Vamp-Federkleid die Stufen der Pariser Etablissements hinauf- und hinunterturnten.«

Bewußt hatte Marlene an diesem Abend ihr Programm speziell auf Berlin zugeschnitten. Den Reminiszenzen an den

»Blauen Engel« folgte ein »besonderes Lied«, das Marlenes »Lieblingslied war«: »Wer wird denn weinen«, und ein paar amerikanische Lieder aus ihrer Soldatenzeit. »La Vie en Rose« und »Wenn ich mir was wünschen dürfte«. »Wünsche sind nur so schön, solang sie unerfüllbar sind« – man glaubt ihr, was sie singt.

»Sie exerziert die große Schule des Vortrags«, notierte die *Welt* später. »Auf ihrem anderthalbstündigen Alleingang-Programm die vielen, lieben alten Hüte von einst, ein paar englische Schlager, französische Einlagen, das ›Hobellied‹ des Valentin. Marlene zog ein, siegreich.« Ein ganzes Leben breitete Marlene vor ihrem Publikum aus, entführte es in die »goldenen Zwanziger«, erinnerte an ihre Filme, an ihre Lieben und an die Berliner jüdischen Künstler, denen sie so viel verdankte: wie Richard Tauber und Friedrich Hollaender. Mühelos wechselte sie die Stimmungen, verwandelte sich vom glitzernden Vamp in die ruhige Chansonniere, von der fröhlichen Amerikanerin in die melancholische Heimatlose.

Marlenes Finale war eine Hommage an ihre Heimatstadt, die sie so vermißte:

> Ich hab' noch einen Koffer in Berlin,
> der bleibt auch dort, und das hat seinen Sinn:
> Auf diese Weise lohnt sich die Reise,
> denn wenn ich Sehnsucht hab',
> dann fahr ich wieder hin!

Willy Brandt sprang als erster applaudierend auf, dann brach ein Begeisterungssturm los. Achtzehn Vorhänge gab Marlene und – zum ersten Mal in ihrem Leben – Zugaben. Vergessen waren all die Tumulte, die Häme im Vorfeld, die Bombe, die angeblich irgendwo versteckt sein sollte. Und während draußen noch der Mob tobte und »Verräterin« brüllte, hatte Marlene ihre Berliner wieder zurückerobert. Am nächsten Tag mußte selbst *Bild* eingestehen: »Marlene kam, sah und siegte!«

Marlene Dietrich im Gespräch mit einer Berlinerin, 1960

Doch nicht alle jubilierten. Im anderen Teil der Stadt, in Berlin-Hohenschönhausen, war Krisensitzung in der Stasi-Zentrale: Deren Vorhaben, Marlenes Comeback in Westberlin zu verhindern, war gründlich mißlungen. Monatelang hatte das Ministerium für Staatssicherheit Haßkampagnen gegen Marlene Dietrich gesteuert, um das immer noch schwelende nazistische Potential auf westlicher Seite zu demonstrieren, hatte

Hetzbriefe lanciert, »Demonstranten« vor den Titania-Palast gestellt, Plakate gemalt. Alles, damit die »Weltöffentlichkeit mit Bestürzung auf den faschistischen Untergrund, der sich in der Kampagne gegen Marlene Dietrich in Westberlin offenbart«, blicke, wie es laut Oberst Turber vom ehemaligen Staatssicherheitsdienst der DDR in einem Stasi-Papier formuliert wurde. »Wir müssen damit in London, Paris und New York Zweifel säen, ob es sich bei dieser Nazi-Gesinnung der Westberliner lohnt, weiterhin für Westberlin einzutreten.«

Das war anderthalb Jahre vor dem Mauerbau. Doch die Rechnung war nicht aufgegangen, im Gegenteil: Nach ihrem Erfolg im Titania-Palast wurde Marlene in Berlin offiziell von Willy Brandt, der sie bereits bei ihrer Ankunft am Flughafen begrüßt hatte, empfangen. Brandt war ein großer Bewunderer Marlenes und einer der wenigen deutschen Politiker, die ihr außerordentliches Engagement für Berlin erkannten und zu schätzen wußten. Stolz präsentierte er sich den Fotografen mit dem Star aus Amerika.

Doch nicht nur Prominente freuten sich über Marlenes Besuch in Berlin, auch die Menschen auf der Straße äußerten immer wieder ihre Zuneigung. »Da war so eine richtige Frau, eine Berlinerin«, erinnerte sich Marlene, »und die sagte zu mir: ›Na, wollen wir uns mal wieder vertragen?‹ So waren manche Berliner.«

Lag es da nicht nahe, zurückzukehren in die alte Heimat? Marlene erwog es wohl, aber ihre Gefühle waren ambivalent, und ein Zwischenfall während ihres Düsseldorfer Gastspiels erschütterte sie zutiefst: Auf dem Weg zu ihrem abendlichen Auftritt – die Sicherheitskräfte hatten alle Hände voll zu tun, um die jubelnden und schreienden Massen im Zaum zu halten – war sie von einem vielleicht achtzehnjährigen Mädchen als Verräterin beschimpft und angespuckt worden. Das war zuviel. Ihren Wohnsitz in Deutschland zu nehmen, erwog sie nun nicht mehr. »Ich hatte mehr als genug davon, angespuckt zu werden, hatte genug von den Demonstranten, genug von der Haßliebe«, faßte sie das unerfreuliche Aufeinandertreffen in ihren Memoiren zusammen.

Diese ablehnende Haltung der Deutschen ihr gegenüber hat Marlene erbittert. »Es gibt eine Menge Leute, die bilden sich ein, ich hätte Deutschland während des Krieges verraten, und das macht es für mich schwierig zurückzukommen. Aber diese Leute vergessen, daß ich nie – *nie* – gegen Deutschland war. Ich war gegen die Nazis. Doch die Presse scheint diesen Unterschied nicht wahrzunehmen. Sie können nicht wissen, wie mir zumute ist. Sie fahren morgen nach Hause. Aber ich habe ein Land und ich habe eine Sprache verloren. Keiner, der das nicht durchgemacht hat, kann wissen, was ich fühle.«

In ihrer ganzen Bedeutung als Mensch und als Künstler anerkannt wurde sie nur im Ausland. Und doch fühlte sie sich immer als Berlinerin. Fast trotzig klingt ihr: »Berlin ist meine Heimatstadt! Ich bin Berlinerin und bleibe Berlinerin und ich bin dankbar, daß ich Berlinerin bin!«

Tapetenwechsel für den Weltstar

Marlene erobert den Osten

»Empfangen wir sie offiziell oder inoffiziell?« Die Vertreter des Politbüros der Deutschen Demokratischen Republik standen einen Tag vor dem 16. Januar 1964 vor einem Problem, wie sich Harald Wessel, damals stellvertretender Chefredakteur des *Neuen Deutschland*, erinnert. Marlene Dietrich wurde erwartet, da ihre Flugroute nach Polen und in die Sowjetunion über Berlin-Ost führte. Vier Jahre nach dem mißglückten Versuch, Marlenes Comeback zu verhindern, hätten die DDR-Funktionäre den internationalen Weltstar nun liebend gern offiziell in Empfang genommen – glich doch jeder prominente West-Besuch einer offiziellen Anerkennung des neuen Arbeiter-und-Bauern-Staates. Andererseits war Marlenes Ablehnung gegenüber Diktaturen bekannt, und womöglich nutzte sie die Gelegenheit, ein Statement zur Freilassung politischer Gefangener abzugeben. Immerhin hatte sie sehr enge Beziehungen zu den höchsten Politikern der westlichen Welt. Die Mitglieder des Politbüros seufzten und einigten sich schließlich auf »inoffiziell«. So konnten sie den Empfang der Schauspielerin auch viel ungezwungener gestalten.

Nur *wie* sollte man sie empfangen? Der »Feldflughafen« Schönefeld, seine Baracken und Räume waren grau, trist und schmutzig. Welch erbärmliches Ambiente für eine echte Diva. Bei allem Respekt für die Segnungen des Sozialismus – Marlene Dietrich war sicherlich anderes gewohnt. »Der Ankunftsraum muß neu hergerichtet werden!« befand deshalb der Leiter des Empfangskomitees und entsandte einen Genossen, mit D-Mark ausgestattet, in einen Baumarkt nach Westberlin, der – die ostdeutschen Grenzpolizisten staunten nicht schlecht – wenige Stunden später mit Farbeimern, Tapetenrollen und Kleisterpackungen den Grenzübergang in der Friedrichstraße wieder passierte.

Viel Zeit blieb nicht mehr, denn schon am nächsten Tag

Marlene Dietrich mit dem Schauspieler Wolf Kaiser bei ihrem Zwischen-
aufenthalt auf dem Flughafen Schönefeld, 1964

sollte der Weltstar in Schönefeld eintreffen. Die ganze Nacht
tapezierten und strichen die Maler, um die Räume repräsen-
tabel zu machen.

Es wurde ein kurzer, aber herzlicher Empfang für Marlene,
die gar nicht erst ihren Mantel auszog oder gar das Kopftuch
ablegte. Wolf Kaiser – ein Schauspielerkollege aus Berlin –
und Wolfgang E. Struck hatten Marlene mit einem großen
Strauß Chrysanthemen begrüßt. Struck war Direktor des
Friedrichstadtpalastes, einst das Große Schauspielhaus, in
dem Marlene 1928 mit »Der Widerspenstigen Zähmung« aufgetreten war. Den penetranten Farbgeruch überspielend,
trank man Marlenes sündhaft teuren Lieblingschampagner
»Dom Pérignon«, den man schnell noch in Westberlin hatte
besorgen lassen, plauderte ein wenig übers Theater, ihre ge-
plante Tour – und schon flog Marlene wieder davon.

Ronald Trisch, Ostberliner Künstleragent, hatte alle Mühe gehabt, die kurze Zeit zu nutzen, um Marlene zu einem späteren Auftritt im Friedrichstadtpalast zu überreden – vergeblich. Obwohl sie nahe daran war, zuzustimmen, ihr Partner Burt Bacharach war dagegen. Ihm war es von amerikanischer Seite per Vertrag verwehrt, in Ostberlin aufzutreten. So blieb es bei diesem kleinen Intermezzo Marlenes im ersten deutschen Arbeiter-und-Bauern-Staat.

Marlene hatte die Führung der DDR nicht enttäuscht und sich jeder offiziellen Kritik enthalten. Und doch verstand sie es, aus ihrer Osteuropa-Reise noch ein politisches Signal zu machen: In Warschau setzte sie Zeichen der Versöhnung. Am Mahnmal für die Gefallenen des Warschauer Aufstandes legte Marlene als erste Deutsche Blumen nieder – ein Fanal zur Verständigung zwischen Opfern und Tätern, zwischen Polen, Juden und Deutschen. »Ich ging zu dem Platz mit dem Denkmal zur Erinnerung an den Ghetto-Aufstand. Seit langem war ich von Haß erfüllt, und als ich dort stand, wo sich einst das Ghetto befunden hatte, verdunkelte er meinen Horizont und fraß sich in mein Herz. Immer, seit den grauenhaften Missetaten, die mich veranlaßt hatten, Deutschland den Rücken zu kehren, hatte ich mich schuldig für das deutsche Volk gefühlt. Jetzt mehr denn je.« So war es ausgerechnet die »Verräterin«, die kurz nach dem Mauerbau einen Beitrag zur politischen Entspannung leistete.

Wenige Jahre später wird sich Willy Brandt bei seinem berühmten Kniefall vor dem Mahnmal vielleicht an Marlene erinnert haben. Auch er war kein Täter, sondern ein Opfer des Dritten Reiches gewesen, und doch sah er sich wie Marlene als Deutscher in der Schuld der Ermordeten. Insbesondere diese Interpretation beeindruckte damals die Weltöffentlichkeit.

Wie der amerikanische Journalist Warren Frank Anfang der siebziger Jahre berichtete, wurde Marlene in Polen von Außenminister Adam Rapacki zu einem Meinungsaustausch empfangen, bei dem es recht vertraulich zuging. Rapacki hatte ein dringendes Anliegen, das äußerster Diskretion bedurfte: »Ich

Am Denkmal des Warschauer Ghettos legte Marlene Dietrich Blumen nieder, 1964

habe einige Ergänzungen zu meinem Plan von 1957 über die Schaffung einer atomwaffenfreien Zone ausgearbeitet«, ließ er sie wissen, »und diese Erläuterungen stehen teilweise im

Widerspruch zu den Auffassungen unserer verbündeten Bruderländer.« Ob sie ihm den Gefallen tun könne, bei ihrer Rückkehr die Papiere an den französischen Ministerpräsidenten Pompidou weiterzuleiten? »Sie sind, soweit ich weiß, gut mit ihm bekannt, und ich sehe mich außerstande, die Pläne auf normalem Weg außer Landes zu bringen.« Dem Außenminister war es ernst, Marlene berührte das Vertrauen des polnischen Politikers. Sie sollte also den Friedensengel spielen. Warum nicht? »Herr Rapacki, es ist mir ein Vergnügen, Sie und damit die Sache des Friedens zu unterstützen.«

Die Bruderländer erfuhren allerdings schon vor Pompidou von Marlenes geheimer Mission. Der sowjetische Geheimdienst hatte das Arbeitszimmer des Ministers verwanzt, und so wußten bereits am Abend sowohl der Kreml als auch das Politbüro der SED genauestens über Rapackis Absichten Bescheid. Besonders in Ost-Berlin soll man außer sich vor Wut über die »Mata Hari« Marlene Dietrich gewesen sein.

Wenige Tage später landete Marlene bei stürmischem Wetter auf dem Moskauer Flughafen. Wie immer stürzte sich die Presse auf sie, und ein Journalist hielt in Anbetracht des Regens einen Schirm über sie. Gemeinsam mit der Schauspielerin Tamara Makarowa, die einen Hut trug, ging Marlene so ein wenig geschützt in die Ankunftshalle. Das Bild ging um die Welt und hat auch eine kleine Geschichte, die von David Rose, einem englischen Journalisten, der Marlene auf ihrer Tour begleitet hat, überliefert ist. Auf dem Weg durch das Pressespalier registrierte Marlene das kleine Firmenschildchen am Griff des Schirmes, auf dem diskret der Namenszug »Harrod's« angebracht war. »Ach«, wandte sie sich auf englisch erfreut ihrem galanten Begleiter zu, »Sie haben den Schirm bei Harrod's gekauft. Ein wundervolles Kaufhaus. Ich kaufe gern dort ein. Sind Sie aus London?« – »Nee«, kam prompt die Antwort auf deutsch, »ick bin aus Berlin vom *Neuen Deutschland*«. – »Na, dann hätten Sie den Schirm ja och im KaDeWe kofen können«, berlinerte sie zurück. Sie hatte offensichtlich Lust auf eine kleine Provokation. »Das darf er doch nicht!« konterte jemand aus der Menge. Marlene zog ihre Augenbrauen noch höher. »Aber warum dürfen Sie denn nicht im KaDeWe einkaufen? Wer verbietet Ihnen das?« Der Rußland-Korrespondent einer großen westdeutschen Tageszeitung nahm dem verdutzten Journalisten die Antwort ab: »Na, seine sozialistische Regierung, Madam!« – »Ach nee«, Marlenes Augen blitzten spöttisch, »Sie dürfen also keine Schirme im KaDeWe kaufen, während es Ihnen in London bei Harrod's erlaubt ist. Sehr seltsam. Hören Sie, junger Mann, Ihre Regierung taugt nichts, Sie sollten sie schleunigst abwählen!« Für Marlene war das Gespräch damit beendet, für die umstehenden Journalisten hingegen ein gefundenes Fressen: »Das ›Neue Deutschland‹ kauft bei Harrod's«, war am nächsten Tag in der britischen und amerikanischen Presse nach Meldungen der Agenturen AP und Reuter zu lesen. Die Ostzeitungen schwiegen sich darüber natürlich aus.

Nach Moskau stand Leningrad auf Marlenes Tourneeprogramm. In der russischen Hauptstadt war sie mit Begeisterung gefeiert worden, alle Vorstellungen waren stets ausverkauft gewesen. Leningrad lag ihr jedoch ganz besonders am Herzen. Bereits Wochen zuvor hatte sie gesagt, daß es ihr eine besondere Ehre wäre, wenn Konstantin Paustowski unter den Zuschauern sein könnte. Marlene war eine große Verehrerin des russischen Schriftstellers, der lange Zeit als aussichtsreicher Anwärter auf den Literatur-Nobelpreis gegolten hatte. Paustowskis Erzählung »Das Telegramm«, die Geschichte einer Tochter, die vergißt, ihre weit entfernt lebende einsame Mutter zu besuchen, selbst als diese im Sterben liegt, gehörte zu ihrer Lieblingslektüre. Vielleicht erinnerte sie diese Erzählung an ihre eigene Mutter, die sie glücklicherweise noch kurz vor ihrem Tod hatte wiedersehen können.

Marlene wußte, daß Paustowski bei der sowjetischen Führung in Ungnade gefallen und schwer krank war. Als sie erfuhr, er habe sich trotz einer gerade überstandenen Operation dennoch ins Konzert bringen lassen, war sie glücklich, dem Dichter nun auf ihre Art danken zu können.

Mitten in der Vorstellung unterbrach Marlene das Programm und bat »einen besonderen Freund« auf die Bühne.

»Ladies and Gentlemen«, wandte sie sich an das staunende Publikum, »bitte heißen Sie mit mir einen der größten russischen Dichter willkommen, Konstantin Paustowski!« Darauf erhob sich in der ersten Reihe ein kleiner, etwas untersetzter Mann und ging mit schwerfälligem Schritt auf die Bühne. »Ich war so überwältigt von seiner Gegenwart«, erinnerte sie sich später, »daß ich – unfähig russisch zu sprechen – keinen anderen Weg sah, ihm meine Bewunderung zu zeigen, als vor ihm niederzuknien.«

Die anrührende Szene wurde von unzähligen Journalisten festgehalten – galt sie doch als offensichtlicher Affront gegen die sowjetische Staatsführung, perfekt inszeniert und vor großem Publikum. Mit Paustowski verband sie fortan eine herzliche Freundschaft, bei seinem Tod, vier Jahre später, war Marlene tief betroffen. Der Dichter drückte seine Zuneigung zu der Schauspielerin auf seine Weise aus. Er schenkte ihr zwei seiner Bücher, eines davon in deutscher Übersetzung, in das er folgende Widmung schrieb: »Für Marlene Dietrich. Ich verneige mich vor Ihrem jugendlichen Talent, Ihrer Menschlichkeit und Ihrem guten Herzen. – PS. Ich schenke Ihnen dieses alte Buch, es ist mein einziges deutsches Exemplar. Ich möchte, daß es bei Ihnen bleibt.« In der russischen Ausgabe ist zu lesen: »Wenn ich noch einmal eine solche Erzählung schreiben sollte wie das ›Telegramm‹, werde ich mir erlauben, sie Ihnen zu widmen.«

Kurz vor ihrem Rückflug in die Vereinigten Staaten wurde Marlene von einem ranghohen Funktionär der KPdSU aufgesucht, wie David Rose sich erinnert, der Zeuge dieser merkwürdigen Begegnung war. Der Politiker äußerte sich zwar mit keinem Wort zu der spontanen Huldigung Paustowskis, zeigte sich jedoch weniger erfreut über ihre kritischen Worte gegenüber der DDR-Regierung. Die Funktionäre der SED-Führung seien Antifaschisten wie sie selbst. Und der Mauerbau in Berlin habe schließlich der Erhaltung des Friedens gedient und wäre im Interesse des Wohlergehens der werktätigen Bevölkerung der DDR. Marlene ärgerte diese Zurechtweisung. Eine Politik für den Frieden und für die Berliner, indem man eine Blockade verhängt, mitten durch die Stadt eine Mauer baut und die Menschen voneinander trennt? Sie wurde wütend. »Berlin ist meine Heimatstadt. Und Sie haben die Mauer mitten durch mein Herz gebaut!«

Vereint mit Berlin

»Hier steh ich an den Marken meiner Tage«

»Warum soll ich Angst vor dem Tod haben? Angst vor dem Leben vielleicht!« Nein, die alternde Marlene machte sich um das Ende keine Sorgen. »Jetzt lebe ich in Paris, meiner geliebtesten Stadt. Man kann ruhig leben in diesem Land der Schönheit, bis die Engel uns holen.«

Marlene führte die letzten Jahre ein zurückgezogenes Leben in ihrer Wahlheimat Paris. Ein Oberschenkelhalsbruch und die Angst, sich erneut zu verletzen, fesselten sie bis zu ihrem Tod immer wieder ans Bett. Abgesehen von einer Sekretärin und ihrem Personal, empfing sie – mit wenigen Ausnahmen – niemanden mehr. Selbst als Präsident Ronald Reagan und seine Frau sie bei einem Paris-Aufenthalt aufsuchen wollten, bat sie ihn, davon Abstand zu nehmen. »Es ist zu spät, Ronald. Wir wollen lieber miteinander telefonieren.« Sie hatte ein Foto von der alternden Greta Garbo in der Zeitung gesehen und für sich selbst beschlossen, den Mythos ihrer Schönheit zu erhalten, denn »man kann nicht ohne Illusionen leben, selbst wenn man um sie kämpfen muß«. Mit dem Telefon hielt sie Verbindung zur Welt. Einer ihrer Gesprächspartner war der deutsche Schriftsteller Johannes Mario Simmel. »Wir sprachen über Literatur, und Marlene sagte dazu das Klügste, was ich je gehört hatte«, erinnerte sich Simmel noch Jahre später respektvoll.

Jeden Tag studierte sie die internationale Presse und las Unmengen von Büchern. In der Öffentlichkeit zeigte sie sich nicht mehr. Lediglich Maximilian Schell, ihr Partner in dem Film »Das Urteil von Nürnberg«, durfte unter schwierigsten Umständen ein letztes großes Interview mit Marlene führen, zu Filmaufnahmen war sie nicht mehr bereit. Schell gelang es, aus dem mehrere Tage dauernden Interview und zahlreichen Filmausschnitten das ungewöhnliche Dokument einer Frau zu machen, um die es in den letzten Jahren still geworden war.

Einfach war es nicht. Trotz Schells insistierender, beharrlicher Fragetechnik gibt Marlene auf die meisten Fragen nur widerwillig, geradezu störrisch Antwort, widerspricht sich, blockt ab, wird unwirsch. Erst beim Thema »Berlin« taut sie auf, daran erinnert sie sich gern: »Ich bin, Gott sei Dank, Berlinerin. Ich sage ›Gott sei Dank‹, weil der Berliner Humor mir mein ganzes Leben erleichtert hat und mir geholfen hat, nicht in dem Gram dieser Welt zu ertrinken.« Über eine Schallplatte mit Berliner Melodien gerät sie regelrecht ins Schwärmen, »die beste Platte, die es von mir gibt«, und zählt einzelne Lieder auf: »Du hast ja keine Ahnung, wie schön du bist, Berlin«, »Nach meine Beene ist ja janz Berlin varickt« – man sieht sie förmlich vor sich über den Ku'damm spazieren – und »Ja, das haben die Mädchen so gerne«. Mit brüchiger Stimme singt sie die alten Lieder, vergißt manchmal den Text, singt weiter, lacht, und es klingt ein wenig bitter. Bei »O lieb, solang du lieben kannst, / O lieb, solang du lieben magst! / Die Stunde kommt, die Stunde kommt, wo du an Gräbern stehst und klagst«, jenem Gedicht, das ihre Kindheit begleitet hat, versagt ihre Stimme, und sie weint. »Nichts bedeutet mehr Schmerz, als sich in Zeiten des Unglücks an das Glück zu erinnern«, läßt sie auf einem Zettel Schell wissen.

Ach Berlin. Marlene erlebte die Wiedervereinigung noch, und sie war glücklich: »Alles, was die Menschen zusammenbringt und den Frieden fördert, macht mich immer glücklich. Glück ist so selten in dieser unruhigen Welt.« Der Sorge um die Erhaltung der Babelsberger Filmstudios, an die sie ihre schönsten Erinnerungen habe, galten ihre letzten Worte in der Öffentlichkeit, die in einer ARD-Show telefonisch in der Silvesternacht 1989 übertragen wurden. Es ist bezeichnend, daß sie Deutschland gewidmet waren.

Am 6. Mai 1992 starb Marlene Dietrich, neunzig Jahre alt, in ihrer Wohnung in Paris.

»Hier steh ich an den Marken meiner Tage« – eine Zeile des Dichters Theodor Körner schmückt ihren Grabstein. Marlene kannte das Gedicht des Freiheitskämpfers seit Schultagen: Der junge Körner hatte es wenige Monate vor seinem

Tod verfaßt, nachdem er bei einem Gefecht gegen die Franzosen verwundet worden war.

> Die Wunde brennt, die bleichen Lippen beben.
> Ich fühl's an meines Herzens matterm Schlage,
> Hier steh' ich an den Marken meiner Tage.
> Gott, wie du willst! Dir hab' ich mich ergeben.

Die Pariser hätten es gern gesehen, wenn »ihre« Marlene auf dem berühmten Friedhof Père Lachaise unweit ihrer Freundin Edith Piaf begraben worden wäre, aber Marlene Dietrich hatte es anders verfügt. Sie wollte ihre letzte Ruhe in der Nähe ihrer Mutter finden – in Berlin.

Frankreich richtete dennoch eine Trauerfeier in der Kirche »La Madeleine« aus. Der Sarg war mit der Trikolore bedeckt, sogar die englische Königin hatte einen Kranz geschickt. Alles, was Rang und Namen hatte, war gekommen, Freunde lebten allerdings nur noch wenige. Nach Abschluß der Feier wurde der Sarg mit dem Sternenbanner bedeckt, und amerikanische Offiziere übernahmen ihn zur letzten Reise nach Berlin. Auf dem Friedhof in der Stubenrauchstraße in Schöneberg, in dem Stadtteil, in dem sie geboren war, wurde Marlene schließlich am 16. Mai 1992 beigesetzt.

> Der Tod ist groß.
> Wir sind die Seinen
> lachenden Munds.
> Wenn wir uns mitten im Leben meinen,
> wagt er zu weinen
> mitten in uns.
> *Rainer Maria Rilke*

Das Grab Marlene Dietrichs auf dem Schöneberger Friedhof

Epilog
Marlene – Berlin, Januar 2001

Zehn Jahre nach Marlenes Tod ist Berlin auf dem besten Weg, wieder zur Kulturhauptstadt Europas zu werden – so, wie die Schauspielerin es sich immer gewünscht und wie sie es ihren vielen Freunden stets prophezeit hatte.

»Ich habe plötzlich Sehnsucht nach Berlin. Ich denke da so an Spätnachmittage im offenen Wagen den Kurfürstendamm entlang« – Marlene hat immer mit Wehmut an die Stadt an der Spree gedacht, war ihr doch die »Fremde nicht Heimat geworden, aber die Heimat – Fremde«, wie sie fünf Jahre vor ihrem Tod mit einem Zitat von Alfred Polgar sagte. Wie würde sie sich heute in der neuen alten Hauptstadt fühlen? Der Kurfürstendamm – ist er immer noch »ihr« Ku'damm?

Nach wie vor säumen teure Geschäfte, Restaurants, Cafés den lauten, dicht befahrenen Prachtboulevard. Die alten Häuserfassaden der Gründerzeit wurden nach dem Krieg nur teilweise wiederaufgebaut, man findet diese Reminiszenzen an vergangene Tage nun eher in den Seitenstraßen, wo sich Kanzleien, Arztpraxen und teure Edelboutiquen angesiedelt haben. Überall wird gebaut: Das neue Europa-Center, große Kaufhäuser, gläserne Bürotürme, glitzernde Einkaufspassagen sollen modernes Flair in die alten Straßen bringen. In den Cafés mit den klangvollen Namen »Kranzlereck« oder »Kempinski« sitzen vor allem Amerikaner, Japaner, Italiener und Russen. Konsum heißt das Zauberwort, das den Damm auf beiden Seiten prägt – nur wenige Geschäfte und Etablissements werben zaghaft mit dem Hinweis auf ihre Wurzeln im Berlin der Vorkriegszeit.

Als Marlene noch in Berlin lebte, war der Ku'damm vor allem ein kulturelles Zentrum der Stadt. Bis tief in die Nacht hinein drängten sich hier die Besucher in den zahllosen Filmpalästen, Kabaretts und Theatern, immer auf der Suche nach neuen Stars, Skandalen und dem ultimativen Amüsement. Die unzähligen Kinos und Kabaretts – nur wenige von ihnen sind heute noch zu finden. Nur wer genau hinschaut, wer weiß, wo er suchen muß, entdeckt die alten Kulturtempel, die heute Videotheken oder Boutiquen beherbergen. Manchmal ist der alte Schriftzug an der Fassade noch zu lesen – meist gibt es jedoch nicht einmal dezente Hinweistafeln auf die Geschichte des Hauses.

Fast glücklich entdeckt der heutige Besucher sie dann doch noch, die großen alten Namen: Das Theater am Kurfürstendamm und die Komödie, das Theater am Lehniner Platz – gekoppelt mit dem Kabarett der Komiker. Überall ist Marlene aufgetreten – als Statistin, als Kabarettsängerin, als vielversprechende junge Schauspielerin, als Star; auch jenseits des Ku'damms in den Kammerspielen und im Schillertheater, im Theater am Schiffbauerdamm, dem heutigen Berliner Ensemble, im großen Schauspielhaus am Gendarmenmarkt und im Theater am Lehniner Platz, nun Schaubühne. Das Berliner Theater wurde allerdings nach dem Krieg nicht mehr aufgebaut; viele andere, vor allem kleinere Bühnen erlitten ein ähnliches Schicksal.

Auch die Kaiser-Wilhelm-Gedächtniskirche, deren Stufen Marlene einst Arm in Arm und mit wehendem Schleier an der Seite ihres frisch angetrauten Mannes Rudi hinablief, ist nur noch ein Fragment. Ganz bewußt hat man sie nach dem Bombardement der Stadt als Ruine stehen lassen und mit modernen Akzenten in ein beeindruckendes christliches Mahnmahl gegen den Krieg verwandelt.

Auf den Spuren von Marlene durch Berlin – wenig Authentisches erinnert an sie: ein paar Theater, eine Kirche, ihr Grab. Immerhin machten sich ab Mitte der neunziger Jahre prominente Produzenten, Regisseure und Schauspieler wie Artur Brauner, Mario Adorf, Hildegard Knef, Harald Juhnke und Miloš Forman sowie der frühere deutsche Bundespräsident Richard von Weizsäcker für eine Marlene-Dietrich-Gedenkstätte mitten in der Stadt stark. »Für Deutschland ist Marlene Dietrich das einzige Aushängeschild eines human und tolerant denkenden Menschen«, sagte Brauner – vergeblich.

Lange Zeit wurde der heute noch öde Tempelhofer Weg mit Lagerhallen und maroden Industriegebäuden für die Namensgebung favorisiert, der sich die Gewerbetreibenden aber widersetzten. Dann war der Kaiser-Wilhelm-Platz in Schöneberg im Gespräch, was wiederum kaisertreue Schöneberger ablehnten. Man befürchtete Querelen, unliebsame Erinnerungen. Das Ganze war eine kleinkarierte, von Ressentiments geprägte Provinzposse, die auch das Ausland irritiert verfolgte.

Dem Engagement des Kurt-Schumacher-Kreises schließlich ist es zu verdanken, daß 1998 doch noch ein Kompromiß zustande kam. Zwischen hochmodernen Neubauten inmitten des Potsdamer Platzes – also dort, wo in Zukunft ein wichtiger Teil des kulturellen und politischen Lebens in Berlin stattfinden soll, umschließen Musical-Theater, ein gläsernes Multiplexkino, eine Spielbank, Hotels und Restaurants und das Bistro Dietrich's ein kleines Rondell, das den Namen »Marlene-Dietrich-Platz« trägt. Eine Tafel, gespendet vom Kurt-Schumacher-Kreis, mit einer Porträtzeichnung, erinnert an die große Berlinerin:

Marlene Dietrich 1901-1992
Berliner Weltstar des Films und des Chansons
Einsatz für Freiheit und Demokratie für Berlin und
Deutschland

Die Provinzposse um Marlene Dietrich hat ein Happy-End gefunden. In unmittelbarer Nähe, im Sony-Center an der Potsdamer Straße, findet man heute auch das Filmmuseum Berlin, in der die Marlene Dietrich Collection, die ihren Hauptsitz in Spandau hat, eine Dauer-Ausstellung zeigt: Fotos, Multimediastationen, Kleider und Requisiten, die Marlene noch zu Lebzeiten veräußern ließ. Auch die berühmte Probeaufnahme mit Marlene für den »Blauen Engel«, die lange als verschollen galt, ist zu sehen. Über 680 Koffer mit etwa 100 000 Gegenständen, vom Schminkkoffer bis zu Marlenes legendärem Schwanenmantel, hatte das Land Berlin mit Hilfe von Lottogeldern für fünf Millionen Dollar erworben.

In Babelsberg, mitten im Filmgelände, wurde auf Betreiben von Volker Schlöndorff mit dem Einverständnis der Potsdamer Stadtverwaltung eine quer durch das riesige Areal führende Straße nach ihr benannt, die Marlene-Dietrich-Allee, und an den »Blauen Engel« erinnert die Marlene-Dietrich-Halle.

Auch Restaurantbetreiber und Hotelbesitzer erkennen inzwischen den Marktwert ihres Andenkens. Immerhin war Marlene eine hervorragende und leidenschaftliche Köchin gewesen. Nachdem anfangs böse Briefe und sogar Drohungen aus der Nachbarschaft, die nicht an die »Pelzschlampe« erinnert werden wollte, die Eröffnung zu verhindern suchten, lädt seit 1997 das Lokal »Der blaue Engel« in der Gotenstraße, ganz in der Nähe von Marlenes Geburtshaus, zu Gerichten à la Marlene ein. Sie selbst hatte noch zehn Jahre zuvor ihr Einverständnis zur Planung dieses Restaurants gegeben. Das Hilton Hotel, in dem Marlene 1960 ihre berühmte Pressekonferenz abgehalten hatte, bietet in der nach ihr benannten Bar diverse Drinks wie »Marlene Cocktail«, »Diva«, »Spirit of Marlene Dietrich« oder »Rote Lola« an. Selbst auf dem Ku'-damm können Berlintouristen heute im Marlene-Dietrich-Zimmer des Hollywood Media Hotel, das Artur Brauner gehört, logieren.

»Es war ein beeindruckender Tag. Der Süd-West-Korso war abgesperrt, es hatten sich unzählige Menschen versammelt. Zum Teil standen sie auf Leitern, um besser sehen oder fotografieren zu können. Auf dem Friedhof hatte man auch eine kleine Tribüne aufgebaut. Als die Beisetzungszeremonie zu Ende war, bildete sich eine lange Menschenschlange, die am Grab vorbei defilierte und rote Rosen niederlegte«, erinnert sich Michael Sühr, der neben dem Friedhof ein Blumengeschäft betreibt. Unweit des an der Linie U9 gelegenen Friedrich-Wilhelm-Platzes umgibt eine Mauer den kleinen Friedhof an der Stubenrauchstraße – ein idyllisches Refugium, das um 1900 angelegt wurde. Hier ruhen vor allem Schöneberger und Friedenauer Berliner, die in den Straßen rund um die

Friedhofsmauer lebten. Auch Siegfried Wölfer, der große Theatermann, der »My Fair Lady« nach Deutschland holte und dem das Theater am Ku'damm und die Komödie gehörten, liegt hier begraben.

Marlene Dietrichs letzte Ruhestätte ist erstaunlich bescheiden, ein schlichter Gedenkstein, nicht weit vom Grab ihrer Mutter entfernt.

Es wird offensichtlich besucht und gepflegt. Meist sind es Ausländer, die Marlene hier die letzte Ehre erweisen, Blumen oder Steine niederlegen – Israelis und vor allem Franzosen, die den blonden Star so gern auf dem Père Lachaise beigesetzt hätten. Immer wieder finden die Gärtner kleine Zettel mit Gedichten meist jugendlicher Fans zwischen der Bepflanzung. Ansonsten fehlt jeglicher Schmuck, still und zurückhaltend wird hier Marlenes Andenken gewahrt. Und irgendwie paßt auch dies zu ihr, ist diese Bescheidenheit Teil der glamourösen Diva geblieben: Schließlich hat sie zeit ihres Lebens Wert darauf gelegt, nicht über ihr Engagement, ihre Unterstützung für Hilfesuchende zu reden. Stille, unauffällige Hilfe war stets ihre Devise. Marlenes Grab drückt besser als alles andere aus, was für ein Mensch sie war.

1998 feierte Berlin am Renaissance-Theater die »Wiederauferstehung der Marlene Dietrich«: »Marlene – ein Stück mit Musik« von der amerikanischen Autorin Pam Gems in der deutschen Bearbeitung von Volker Kühn. Mit Judy Winter als Marlene – »Diva von der Platinwelle bis zu den High Heels«, konzentrierte Arbeiterin, launisch, sentimental, preußisch-zäh, kongenial als Sängerin – war dem Regisseur Dietmar Pflegerl ein unerwarteter Coup gelungen. Das Publikum raste, und *Theater heute* schrieb euphorisch: »Wie eine träge Katze knurrend gibt sie sich als ›laziest gal in town‹, tränenerstickt ist sie Lili Marlen ... Fast tonlos fragt sie, wo die Soldaten, die Mädchen, die Blumen, wo sind sie geblieben? Mit lässig hinterherschleifendem Hermelinmantel haucht und bellt und schnurrt sie die unsterblichen Lieder von Liebe ohne Illusionen, Verlust und Tod.« Vielleicht haben die Zuschauer nur darauf gewartet, daß man ihnen ein Stück lebendige Marlene wiedergibt. »

Vielleicht«, so die *Zitty*, »wollen sie sich endlich mit ihr versöhnen und ihr die Anerkennung gewähren, die ihr so lange versagt geblieben war.«

Quellen

Mündliche Quellen

Die in diesem Buch erstmals berichteten Begebenheiten gehen auf zahlreiche über Jahrzehnte hin mit Zeitzeugen und Journalisten geführte Gespräche zurück, insbesondere mit: Ernst Blüthgen, Mitglied des Reichsverbandes deutscher Industrie; Irene Challard, Schweizer Fernsehjournalistin; John Dimsdale, CIA-Agent; Warren Frank, amerikanischer Journalist; Paul Hertz, Senator für Marshallplan und Kreditwesen (1951–1953); Barbara Higgins, enge Vertraute John F. Kennedys; Peter Johannsen, deutsch-spanischer Journalist, eng mit Clement Attlee befreundet; Wolfgang Marquardt, Chef der Berliner dpa; Christine Matte, Journalistin des *Neuen Deutschland*; Karl-Heinz Meier, Chef der Deutschen Welle und Vorsitzender der Berliner Pressekonferenz; Jacques Montier, Mitarbeiter der französischen Militärregierung in Berlin; Walfried Peters, Chef der Berliner Wohnungskreditanstalt; David Rose, englischer Journalist; Oberst Turber, ehemaliger Mitarbeiter des Staatssicherheitsdienstes der DDR; Harald Wessel, ehemaliger stellvertretender Chefredakteur des Neuen Deutschland; Michail Woslenski, Dolmetscher im sowjetischen Hauptquartier 1945.

Briefe

Von und an Marlene Dietrich, Deutsche Kinemathek Berlin

Filme

Guido Knopp, Hitlers Frauen und Marlene. ZDF Juni 2001
Maximilian Schell, Marlene. Taurus Video GmbH 1998

Literatur

Apropos Marlene Dietrich. Frankfurt/Main 2000
Hedda Adlon, Hotel Adlon. München 1987
Kenneth Anger, Hollywood Babylon. Reinbek 1979
Steven Bach, Marlene Dietrich. Die Legende. Das Leben. Düsseldorf 1993

Helga Bemmann, Marlene Dietrich. Leipzig 2000

Walter Benjamin, Die Wiederkehr des Flaneurs. (1929) In: Gesammelte Werke, Bd. III: Kritiken und Rezensionen. Hrsg. von Hella Tiedemann-Bartels. Frankfurt/Main 1991, S. 194-199

Elisabeth Bergners unordentliche Erinnerungen. München 1978

Berlin. Reisehandbücher. Berlin 1999

Berlin-Tour 1. Berlin quer: Eine Rundfahrt auf Abwegen zwischen Funkturm und Brandenburger Tor. Hrsg. von Axel Besteher-Hegenbart. Berlin 1989

Michael Bienert, Die eingebildete Metropole. Stuttgart 1992

André Brunelin, Jean Gabin. Sein Leben – seine Filme – seine Frauen. Berlin 1987

Klaus Budzinski, Pfeffer ins Getriebe. So ist und war das Kabarett. München 1982

Marie Cahill, Marlene Dietrich. Hollywood-Portraits. Wigston 1992

Marlene Dietrich. Dokumente, Essays, Filme. Zusammengestellt von Werner Sudendorf. Teil 1 und 2. München, Wien 1977 und 1978

Marlene Dietrich. Ihre Filme. Ihr Leben. München 1984

Marlene Dietrich, Ich bin, Gott sei Dank, Berlinerin. Berlin 1987

Marlene Dietrich. Die Privatsammlung. Hrsg. von Barbara Hofmann. Katalog des Deutschen Filmmuseums. Frankfurt/Main 1993

Marlene Dietrich. Katalog Kunsthalle Bonn. Bonn 1996

Marlene Dietrich: Ein politisches Leben. Hrsg. vom Kurt-Schumacher-Kreis. Berlin 1989/1999

Marlene Dietrich – Calendar. TeNeues 2000

Marlene und Berlin. Sonderausgabe zum 100. Geburtstag. In: Vernissage, Nr. 2/01. Heidelberg 2001

Bertha Drews, Wohin des Wegs. Erinnerungen. München 1986

Lotte Eisner, Ich hatte einst ein schönes Vaterland. München 1988

Europa erlesen. Berlin. Hrsg. von Helmuth A. Niederle. Klagenfurt, Celovic 1998

Filmexil 8/1997. Briefe von und an Marlene Dietrich. Hrsg. von der Stiftung Deutsche Kinemathek

Leslie Frewin, Marlene Dietrich – ihre Filme, ihr Leben. München 1992

Ruth Freydank, Theater in Berlin. Berlin 1988

Varian Fry, Auslieferung auf Verlangen. München 1986

Gelebt für alle Zeiten: Schauspieler über sich und andere. Hrsg. von Renate Seydel. Berlin 1980

Pam Gems, Marlene. Ein Stück mit Musik. In der deutschen Bühnenfassung von Volker Kühn. Programmheft. Berlin 1998

Geschichte Berlins. Zweiter Band: Von der Märzrevolution bis zur Gegenwart. München 1987

Joseph Goebbels, Tagebücher 1924-1945. Fünf Bände, hrsg. von Ralf Georg Reuth. München 1999

Sebastian Haffner, Anmerkungen zu Hitler. Frankfurt/Main 1981

Sebastian Haffner, Geschichte eines Deutschen. Stuttgart, München 2000

Birgit Haustedt, Die wilden Jahre in Berlin. Dortmund 1999

Heinrich Manns Professor Unrat und der Blaue Engel. Buddenbrookhaus. Lübeck 1996

Adolf Heinzlmeier, Marlene. Die Biografie. Hamburg / Wien 2000

Franz Hessel, Marlene Dietrich. Ein Porträt. Berlin 1992 (Erstveröffentlichung 1931)

Franz Hessel, Spazieren in Berlin. München 1968

Charles Higham, Marlene – ein Leben, ein Mythos. Reinbek 1978

Fred Hildenbrandt, Ich soll dich grüßen von Berlin... München 1966

Friedrich Hollaender. Von Kopf bis Fuß. Revue meines Lebens. Hrsg. von Volker Kühn. Berlin 2001

Hermann Kähler, Berlin – Asphalt und Licht. Die große Stadt in der Weimarer Republik. Berlin 1986

Hellmuth Karasek, Billy Wilder – Eine Nahaufnahme. Hamburg 1992

Walter Kiaulehn, Berlin. Schicksal einer Weltstadt. München 1996

Guido Knopp, Hitlers Frauen und Marlene. München 2001

Petra Kohse, Marianne Hoppe. Berlin 2001

Volker Kühn, Das Kabarett der frühen Jahre. Weinheim / Berlin 1988

Volker Kühn, Wir sind so frei. Kabarett in Restdeutschland 1945 bis 1970. Weinheim / Berlin 1993

Hans Georg Lehmann, Deutschland-Chronik 1945–1995. Bonn 1996

Literarischer Führer Berlin. Hrsg. von Fred Oberhauser und Nicole Henneberg. Frankfurt 1998

Hubertus Prinz zu Löwenstein, Botschafter ohne Auftrag. Düsseldorf 1972

Hubert von Meyerinck, Meine berühmten Freundinnen. Düsseldorf 1967

Fritz Mierau, Russen in Berlin. Weinheim / Berlin 1988

Sheridan Morley, Marlene Dietrich. Bildbiographie. Frankfurt/Main 1977

Fred Ostrowski, Au Revoir Marlene – Nachruf aus Deutschland. Hamburg, Frankfurt/Main 1992

Konstantin Paustowski, Erzählungen vom Leben. Frankfurt/Main 1978

Constantine Petru, Marlene Dietrich Realität. Hamburg, Frankfurt/Main 1993

Propyläen Kunstgeschichte. Kunst des 20. Jahrhunderts. Frankfurt/Main, Berlin 1990

Erich Maria Remarque. Leben, Werk und weltweite Wirkung, Osnabrück 1998

Rainer Maria Rilke, Gedichte. Leipzig 1977

Joachim Ringelnatz, Und auf einmal steht es neben dir. Gesammelte Gedichte. Frankfurt/Main 1986

Maria Riva, Meine Mutter Marlene. München 1992

Wilfried Rott, Ticket Berlin. Berlin 1994

Heinz Rühmann, Das war's. Erinnerungen. Berlin 1987

Helma Sanders-Brahms, Marlene und Jo. Berlin 2000

Schall und Rauch. Reprint Buchverlag der Morgen. Berlin 1984

Jürgen Schebera, Damals im Romanischen Café. Künstler und ihre Lokale der zwanziger Jahre. Braunschweig 1988

Georg Schild, J. F. Kennedy. Zürich 1987

Renate Seydel, Marlene Dietrich. Ein Leben in Bildern. Berlin 2000

Donald Spoto, Marlene Dietrich. Die große Biographie. München 1992

Carola Stern. Doppelleben. Köln 2001

Josef von Sternberg, Ich, Josef von Sternberg. Hannover 1967

Werner Sudendorf, Marlene Dietrich. Eine Legende in Berlin. 1998

The Diaries of Kenneth Tynan, ed. by John Lahr. New York 2001 (Vorabdruck im New Yorker, August 2000)

Claire Waldoff, Weeste noch …? Hrsg. von Volker Kühn, Berlin 1997

Georg A. Weth, »Ick will wat Feinet«. Das Marlene-Dietrich-Koch-buch. Berlin 2001

Joseph Wulf, Kultur des Dritten Reiches. Band 4: Theater und Film. Frankfurt/Main, Berlin 1989

Maurice Zolotow, Billy Wilder in Hollywood. New York 1987

Bildnachweis

Dank

Die Autoren danken allen Personen, die an der Entstehung des Buches beteiligt waren.

Carola Kupfer, die den Autoren wertvolle Hilfe bei der Textarbeit leistete, sei für ihr unermüdliches Engagement besonders gedankt. Dank auch an Joachim Kurz, scriptorium Speyer, für seine Unterstützung bei den Vorarbeiten zum Text und seine Recherchen.

Fabrice Larat sei gedankt für historische Hintergrundinformationen, Petra Kohse für ihre Auskünfte in theaterwissenschaftlichen Fragen, Thomas Diecks für erste kritische Kommentare und Bernhard Runge für technisches Knowhow und familiären Rückhalt.

Literarische Spaziergänge
mit Büchern und Autoren

Das Kundenmagazin der Aufbau Verlagsgruppe
Kostenlos in Ihrer Buchhandlung

Georg A. Weth

»Ick will wat Feinet«

*Das Marlene-Dietrich-
Kochbuch*

*Mit 32 Abbildungen
168 Seiten
Seidenglanzbuchleinen
ISBN 3-352-00693-8*

Marlene Dietrich testete die Qualitäten ihrer Liebhaber mit Rühreiern: ein Pfund Butter auf drei Eier – und wehe, es aß sie einer nicht auf. Sie kochte in jedem Alter und in allen Lebenslagen.

Georg A. Weth vermittelt in spannenden Geschichten und heiteren Anekdoten das Bild einer Frau, deren Karriere mit ihren Eßgewohnheiten Hand in Hand ging. Bei seinen Recherchen begegnete Weth auch dem letzten Leibkoch der Dietrich in Paris, dessen Rezepte für die Diva erstmals veröffentlicht werden. Ihn klingelte sie zu Unzeiten mit dem Satz aus dem Bett: »Schätzchen, ick will wat Feinet.«

Alle Rezepte in diesem außergewöhnlichen Kochbuch wurden mehrfach nachgekocht, einige davon von renommierten Spitzenköchen. Angerichtet werden Marlenes Lieblingsrezepte mit zum Teil nie zuvor veröffentlichten Fotos.

Rütten & Loening

Christa Maerker

Unmögliche Interviews:
Mae West &
Marlene Dietrich

*Hörspiel mit Barbara Nüsse,
Rosel Zech und Gisela Trowe*

*1 CD mit Booklet (16 Seiten)
44 min. 7 Tracks
ISBN 3-89813-078-9*

Zwei Hollywood-Diven geben ein postumes Interview: »die
blonde Venus« Marlene Dietrich und Mae West, die »Statue of
Libido«. In einem aus Originaltönen und schriftlichen Äußerungen montierten Gespräch plaudern sie rückblickend über
ihren eigenen Mythos, Anekdoten vom Filmset und geheimen
Liaisons. Nicht immer erhält Autorin Christa Maerker eine
Antwort auf ihre provokanten Fragen, aber viele überraschende
Thesen zu Glitter, Glamour und weiblichem Sex.
    Rosel Zech (Dietrich) und Gisela Trowe (West) verkörpern
die schlagfertigen, mitunter kapriziösen Diven, die klug und
amüsant den Zeitgeist ad absurdum führen.

DER > AUDIO < VERLAG

Mehr hören. Mehr erleben